Stylianos Alexiou
MINOISCHE KULTUR

STERNSTUNDEN DER ARCHÄOLOGIE

Stylianos Alexiou

MINOISCHE KULTUR

MUSTERSCHMIDT GÖTTINGEN
FRANKFURT · ZÜRICH

Titel der Originalausgabe:

Μινωικός πολιτισμός
Herakleion 1964

Titel der englischen Übersetzung:

Minoan Civilization
Herakleion 1969

Aus dem Griechischen übersetzt unter Berücksichtigung der vom Verfasser für die englische Übersetzung vorgenommenen Änderungen von Werner Liebich.

DIESES BUCH WURDE
IN GRIECHENLAND IN
2000 EXEMPLAREN
GEDRUCKT, ZUM VERKAUF
NUR IN GRIECHENLAND.
FÜR RECHNUNG DER
BUCHHANDLUNG
V. KOUVIDIS - V. MANOURAS,
DEDALOU STR. 6 TEL. (081) 220135
FAX (081) 346451
NACH DER GENEHMIGUNG
DES MUSTERSCHMIDT
VERLAG GÖTTINGEN -
ZÜRICH

© 1976
MUSTERSCHMIDT GÖTTINGEN · Zürich · Frankfurt
Alle Rechte vorbehalten · Printed in Germany
Gesamtherstellung: „Muster-Schmidt" KG., Göttingen
ISBN 3-7881-1508-4

INHALT

Vorwort	7
Einführende Bemerkungen zur Minoischen Chronologie	9
1. Kapitel: JUNGSTEINZEIT UND VORPALASTZEIT	13
2. Kapitel: ÄLTERE PALASTZEIT	25
Paläste, Siedlungen und Gräber	25
Töpferei	27
Weitere Handwerke	29
3. Kapitel: JÜNGERE PALASTZEIT	35
Paläste, Villen, Siedlungen	35
Minoische Kolonien	43
Bestattung der Toten	45
Wandmalerei	45
Plastik	48
Keramik	52
Metallbearbeitung	55
Siegel	56
Die Katastrophe von 1450 v. Chr.	57
Die Zeit des „Palaststils"	59
Die endgültige Zerstörung des Palastes von Knossos	65
4. Kapitel: DIE NACHPALASTZEIT ODER MYKENISCHE ZEIT	68
Die achäische Besiedlung	68
Gräber	71
Wandmalereien und Keramik	73
Plastik	74
Metallbearbeitung und Siegel	76
Das Ende	77
5. Kapitel: DIE MINOISCHE RELIGION	80
Der „Vegetationszyklus" und die Gottheiten	80

Kultstätten — Höhlen und Berggipfel	91
Haus-Heiligtümer	94
Idole	98
Baumkult	103
Heilige Symbole	104
Altäre und rituelle Gefäße	114
Gottesdienst und Priesterschaft	120
Das Stierspringen und andere Feste	128
Totenkult	135

6. Kapitel: DIE MINOISCHE SCHRIFT   145

7. Kapitel: WIRTSCHAFT UND HANDEL   154

Auswahlbibliographie   160

VORWORT

Seit vielen Jahren besteht das Bedürfnis nach einem kleinen, leicht verständlichen und nicht allzu teuren Buch, das ein allgemeines, aber doch wissenschaftlich genaues Bild der minoischen Kultur vermittelt. Dieses Bedürfnis ist deshalb besonders dringlich, weil die neuesten Forschungsergebnisse der Archäologie die früher herrschenden Anschauungen in vielen Fällen ganz aufgehoben oder beträchtlich verändert haben. Wichtige Beiträge zur Korrektur unserer Vorstellungen über das minoische Kreta lieferten in den letzten Jahren sowohl die praktisch tätigen Archäologen, die neue Zentren minoischer Kultur ans Licht förderten, als auch die in Bibliotheken arbeitenden Gelehrten, die so große Leistungen vollbrachten wie die Entzifferung der Linear-B-Schrift, eine Präzisierung der Chronologie und ein tieferes Verständnis für die Entwicklung der Kunststile. Das Wesen dieser Kunst, die Religion, das wirtschaftliche und das tägliche Leben im minoischen Kreta wurden so auch gründlicher erforscht und tiefer verstanden als zuvor. Durch diese neuen Entdeckungen und Forschungsergebnisse sind die vorhandenen populär-wissenschaftlichen Bücher überholt, gleichzeitig aber ist die Zahl weniger guter und meist nicht maßgeblicher Publikationen zu diesem Thema stark angewachsen.

Die vorliegende Arbeit möchte diese Lücke füllen. Nicht nur das allgemein gebildete Publikum, sondern auch der Gelehrte, der keine Spezialkenntnisse in der Archäologie besitzt, und der Wissenschaftler, der auf ähnlichen Gebieten tätig ist, wird auf den folgenden Seiten einen kurzen Überblick über die Entwicklung der alten minoischen Kultur finden. Die Kenntnis dieser großen Kultur — der frühesten in Europa und einer der hervorragendsten in der menschlichen Geschichte —, deren geistige und künstlerische Leistungen das Interesse der ganzen Welt erwecken, sollte ein Teil unserer Bildung werden. Ich hoffe, daß die vorliegende Arbeit als Einführung bei diesem Bemühen nützlich sein wird.

EINFÜHRENDE BEMERKUNGEN ZUR MINOISCHEN CHRONOLOGIE

Der Ausgräber des Palastes von Knossos und Begründer der minoischen Archäologie, Sir Arthur Evans, hat für die Chronologie der minoischen Kultur ein Gliederungsschema eingeführt, das drei Perioden vorsieht: Frühminoisch, Mittelminoisch und Spätminoisch. Er unterteilt jede Periode wiederum in drei Abschnitte (FM I, II, III; MM I, II, III; SM I, II, III) und jeden Abschnitt in zwei kleinere Unterabschnitte (A und B, z. B. SM IA etc.). Dieses Schema basiert auf der Entwicklung der Keramik. Hazzidakis, Franchet und Åberg kritisierten die Periodisierung von Evans als zu schablonenhaft und nicht ganz präzise, und heute setzt sich immer mehr ein anderes Einteilungsschema durch, das in seiner endgültigen systematischen Form von Nikolaos Platon vertreten worden ist. Diese neue Gliederung stützt sich nicht mehr auf die Keramik, sondern auf die Hauptphasen in der Geschichte der minoischen Paläste, nämlich Entstehung, Zerstörung, Wiederaufbau und endgültige Zerstörung. Auf diese fundamentalen Ereignisse in der minoischen Geschichte, die durch Ausgrabungen nachgewiesen sind, gründet sich also die folgende neue Chronologie:

Jungsteinzeit (Neolithikum)	? — 2 600 v. Chr.
Vorpalastzeit (Praepalatiale Periode)	2 600 — 2 000 v. Chr.

Ältere Palastzeit	2 000 — 1 700 v. Chr.
(Protopalatiale Periode)	
Jüngere Palastzeit	1 700 — 1 400 v. Chr.
(Neopalatiale Periode)	
Nachpalastzeit	1 400 — 1 100 v. Chr.
(Postpalatiale Periode)	

Mit Vorpalastzeit (praepalatiale Periode) wird die Epoche von der Einführung des Kupfers (2 600 v. Chr.) bis zur Erbauung der ersten Paläste in Knossos, Phaistos und Mallia (2 000 v. Chr.) charakterisiert. Als Ältere Palastzeit (protopalatiale Periode) bezeichnet man die Zeit vom Bau dieser Paläste bis zur ersten großen Katastrophe (1 700 v. Chr.), als Jüngere Palastzeit (neopalatiale Periode) die Zeit von der Wiedererrichtung der Paläste unmittelbar nach diesem Unglück bis zur endgültigen Zerstörung von Knossos, kurz nach 1 400 v. Chr. Die Epoche von 1 400 v. Chr. bis zur dorischen Eroberung um 1 100 v. Chr. heißt Nachpalastzeit (postpalatiale Periode). In dieser Zeit sind die Paläste anscheinend verlassen worden. Die neue chronologische Einteilung steht zu der von Evans in folgender Beziehung:

Vorpalastzeit (Praepalatiale Periode)	Frühminoisch I Frühminoisch II Frühminoisch III Mittelminoisch IA
Ältere Palastzeit (Protopalatiale Periode)	Mittelminoisch IB Mittelminoisch II
Jüngere Palastzeit (Neopalatiale Periode)	Mittelminoisch III Spätminoisch I Spätminoisch II—IIIA
Nachpalastzeit (Postpalatiale Periode)	Spätminoisch III

Die absolute Zeitbestimmung der einzelnen Perioden der minoischen Kultur beruht auf den Synchronismen mit der ägyptischen Kultur, deren Chronologie durch die erhaltenen ägyptischen Schriftdenkmäler hinreichend bekannt ist. Zu diesem Zweck benutzt man ägyptische Fundstücke aus Kreta und umgekehrt kretische Importstücke aus Ägypten: Selbstverständlich wurden diese Funde den Schichten entsprechend eingeordnet, in denen sie zutage kamen. So erwies sich die Ältere Palastzeit als etwa gleichzeitig mit der XII. ägyptischen Dynastie, denn man fand Scherben von Kamares-Vasen (MM II) in dem Schutt einer Ansiedlung bei Kahun in Ägypten, die für den Bau der königlichen Pyramiden dieser Dynastie gegründet worden war. In einem in die gleiche Zeit zu datierenden Grab von Abydos stieß man ebenfalls auf eine Kamares-Kanne. Der Beginn der Jüngeren Palastzeit ist synchron mit der Hyksos-Zeit anzusetzen; zu diesem Schluß kam man, nachdem der Deckel eines Steingefäßes mit der Kartusche des Hyksos-Königs Chian in einer MM IIIA-Schicht von Knossos gefunden worden war. Der spätere Abschnitt der jüngeren Palastzeit dagegen fällt in die Zeit des Neuen Reiches in Ägypten, und zwar in die der XVIII. Dynastie: Ein Alabastergefäß mit der Kartusche Thutmosis III. kam in einem Grab der ausgehenden Jüngeren Palastzeit in Katsamba ans Licht. Andere gleichzeitige ägyptische Steingefäße wurden in einem SM II-Grab in Isopata entdeckt, und umgekehrt entsprechen ihnen als Importware derselben Zeit in Ägypten neopalatiale Gefäße, z. B. Kannen und Alabastren. Fresken mit der Darstellung von Kretern — den berühmten Keftiu, wie die Ägypter sie nannten —, die dem Pharao kretische zoomorphe Rhyta (Kultgefäße zum Ausgießen von Trankopfern) und andere charakteristische Kunstwerke der Jüngeren Palastzeit als Geschenke bringen, schmücken die Gräber von Würdenträgern derselben Dynastie. Schließlich helfen Gefäßscherben aus der postpalatialen Epoche, die in der Residenz Amenophis IV. Echnaton in el-Amarna (bewohnt seit 1375 v. Chr.) gefunden wurden, den Anfang der Nachpalastzeit zu bestimmen und ebenso den Zeitpunkt der Zerstörung der Paläste, da man auf ihren Fußböden Keramik gefunden hat, die man vor den Amarnastil datiert.

Hinzu kommen noch andere nicht absolut sichere Synchronismen. Dazu gehören einmal ägyptische Steingefäße der praedynastischen Zeit bzw. des Alten Reiches in spätneolithischen Schichten von Knossos, zum anderen Funde von in der Art des Alten Reiches ägyptisierenden Steingefäßen in praepalatialen Gräbern (FM II) von Mochlos und Skarabäen der XII. Dynastie in Schichten der ausgehenden Vorpalastzeit (MM IA) in Lebena. Die Unzuverlässigkeit dieser Zeugnisse ergibt sich daraus, daß eine genaue Datierung der ägyptischen Funde unmöglich ist, wenn sie keine Inschriften tragen. Einen Siegelzylinder des babylonischen Königs Hammurabi (seit 1790 v. Chr.) fand man im FM II-MM I-Rundgrab von Platanos. Protopalatiale Keramik aus Syrien scheint die Datierung dieser Epoche zu sichern.

Hier muß festgestellt werden, daß die absolute Chronologie von Ägypten und Mesopotamien nicht völlig feststeht: Umdatierungen auf Grund neuerer wissenschaftlicher Forschungen in diesem Bereich ziehen auch eine Revision der kretischen Datierungen nach sich. Neuerdings neigt man dazu, die chronologischen Ansätze herabzurücken, die zur Zeit von Evans wesentlich höher datiert wurden.

1. Kapitel

JUNGSTEINZEIT UND VORPALASTZEIT

Bis heute hat man auf Kreta noch keine Spuren menschlichen Lebens entdeckt, die älter wären als die aus dem Neolithikum (Jungsteinzeit). Die kretische Archäologie fängt daher mit dem Neolithikum an, dessen Ende gegen den Beginn oder — nach Meinung anderer Forscher — in die Mitte des 3. Jahrtausends v. Chr. datiert werden kann. Schwieriger ist die Bestimmung des Anfangs der kretischen Jungsteinzeit, da man heute die von Evans vorgeschlagene Datierung auf ca. 8000 v. Chr. als übertrieben hoch ansieht. Die Charakteristika neolithischer Kultur sind in Kreta wie anderswo das Einsetzen des Ackerbaus, die Errichtung fester Häuser, der Gebrauch höher entwickelter Steinwerkzeuge, die gut bearbeitet und geglättet sind im Gegensatz zu den Werkzeugen des Paläolithikums (Altsteinzeit) sowie das Auftreten der Töpferei. Nach Unterschieden in der Keramik teilt Evans das kretische Neolithikum in drei Phasen ein: eine frühe, eine mittlere und eine spätneolithische Phase. Im Neolithikum bewohnten die Menschen auf Kreta Höhlen, wie z. B. die Höhle von Miamu, die Höhle der Eileithyia bei Amnisos, die Höhle von Trapeza, die Karnari-Höhle auf dem Iuktas, die Höhlen von Akroteri bei Chania, die Gerani-Höhle bei Rethymnon usw. Zumindest vom mittleren Neolithikum an errichteten sie daneben aber auch primitive Behausungen aus fast unbearbeiteten Steinen, Ziegeln und Zweigen. Reste solcher Häuser sind in Knossos, Phaistos, Katsamba und Magasa in Ostkreta gefunden worden. Für die Bestattung der Toten benutzte man Höhlen und Bodenvertiefungen, die sich in einigen Fällen, wie in Katsamba, ganz in der Nähe der Häuser befinden.

Bei den Steinwerkzeugen und -waffen handelt es sich gewöhnlich um einschneidige Äxte und Hammer- oder Keulenköpfe aus Flußgeröllsteinen. Die Keulenköpfe haben in der Mitte ein Bohrloch für den Stiel. Außerdem gibt es Klingen aus Obsidian von der Insel Melos und Knochenwerkzeuge.

Die Tongefäße wurden ohne Töpferscheibe mit der Hand hergestellt und nicht im Töpferofen, sondern im offenen Feuer des Herdes gebrannt. Sie haben fast immer die Gestalt einer einfachen, offenen Schale. Im frühen Neolithikum sind die Gefäße roh und schmucklos. Im mittleren Neolithikum sind sie poliert und haben Ritzdekor, gewöhnlich Winkel, Rillen, Zickzacklinien und Punkte, die mit weißer Tonmasse ausgefüllt sind. Manchmal haben sie auch vom ungleichmäßigen Brand rote und schwarze Flecke auf der Oberfläche. Die Politur erzielte man durch Reiben der Oberfläche des Gefäßes nach dem Brennen. Im späten Neolithikum sind die Gefäße ohne Dekor, zeigen aber häufig eine Rot-Schwarz-Fleckung. In dieser letzten neolithischen Periode entwickeln sich auch die Formen der Gefäße; sie verengen sich am Halsansatz, haben aber eine weite Mündung. In diese Zeit gehört auch eine Reihe von Gefäßen aus Phaistos, die zum ersten Mal farbige Bemalung aufweisen. Im allgemeinen aber kann man sagen, daß die neolithische Keramik auf Kreta den Gebrauch von Farbe nicht kennt im Gegensatz zu der vorzüglich bemalten neolithischen Keramik, die bereits seit Ende des 5. Jahrtausends v. Chr. in Thessalien auftritt. Sicherlich gab es auch hölzerne Gefäße und Geräte.

1. Eine Vase des Pyrgos-Stils

2. Frühminoische Gräber in Lebena

Das Vorhandensein neolithischer Idole, die die Form fettleibiger weiblicher Gestalten haben — manche nur mit schematischen, groben Andeutungen von Kopf und Armen, andere (wie ein Idol der Sammlung Giamalakis) weit naturalistischer — legt den Gedanken nahe, daß schon in neolithischer Zeit auf Kreta die große Muttergottheit verehrt wurde, der wir auch in den folgenden Epochen begegnen. Außerdem gibt es Weihgaben in Form von Tieren und Vögeln, die im verkleinerten Maßstab aus Ton hergestellt sind.

Die geringe Anzahl vollständig erhaltener Schädel aus dem Neolithikum gestattet keine sicheren Rückschlüsse, zu welcher Rasse die neolithische Bevölkerung Kretas gehörte. Die Inselbewohner lebten von Ackerbau und Viehzucht (sie kannten bereits Rindvieh, Schaf und Ziege als Haustiere), aber auch von Fischfang und Jagd, und sie unternahmen Seefahrten zu den benachbarten Inseln Dia, Gaudos und den Kykladen.

Um die Mitte des 3. Jahrtausends v. Chr. (über die genaue Datierung sind sich die Fachgelehrten noch nicht einig) wanderten kleinasiatische Volksteile nach den Kykladen, nach Kreta und dem griechischen Festland aus. Die Zuwanderer brachten erstmals das Kupfer in diese Gebiete. Nur Thessalien blieb seiner Steinzeitkultur treu. Wahrscheinlich verbreiteten sich zur gleichen Zeit die Ortsnamen mit den Endungen *-nthos, -ssos, -tos* (z. B. *Korinthos, Knossos, Phaistos, Lykabettos*), die in Kleinasien und in Griechenland vorkommen. Bestimmte geographische Namen wie z. B. *Ida, Berekynthos, Inatos, Lykastos, Tarra* begegnen uns auf Kreta und in Kleinasien. Etymologisch lassen sich diese Ortsnamen nicht von der griechischen Sprache ableiten: also waren auch diejenigen, die die entsprechende Sprache sprachen, keine Griechen, wenn auch Beziehungen zur indoeuropäischen Sprachfamilie nicht ausgeschlossen sind. So wurde behauptet — allerdings ohne daß diese These allgemeine Zustimmung fand —, daß die Ortsnamen mit der Endung *-ssos* zur luwischen Sprache gehören, einer indoeuropäischen Sprache, die im südwestlichen Kleinasien gesprochen wurde. (In ihr existiert ein Suffix *-ss*, das den Besitz anzeigt.) In der Regel benutzen wir heute für die Einwohner Griechenlands vor der Ankunft der Griechen, die von den alten Griechen Pelasger, Karer und Leleger genannt wurden, die konventionellen Bezeichnungen „Vorgriechen" und „Ägäische Völker". Die Anthropologen ordnen sie der mediterranen Rasse zu, für die Langschädel, geringe Körpergröße, schwarzes Haar und dunkle Augenfarbe charakteristisch sind. Diese vorgriechische Rasse steht weder mit den Semiten noch mit den alten Ägyptern in Verbindung. Speziell für Kreta nahm Evans außer der kleinasiatischen Einwanderungswelle, die sich mit der ursprünglichen neolithischen Bevölkerung der Insel vermischte, auch eine Zuwanderung aus Libyen an. Er kam zu dieser Annahme auf Grund bestimmter archäologischer Fakten, die beiden Gebieten gemeinsam sind. Jedenfalls scheint die Zuwanderung aus Afrika nach Kreta nicht stark gewesen zu sein.

Die Einführung des Kupfers in Kreta und sein Gebrauch zur Herstellung von Werkzeugen und Waffen machte dem primitiven Steinzeitleben ein Ende. Eine neue Epoche begann auf der Insel, charakterisiert durch eine lebhafte Entwicklung der Seefahrt und der auswärtigen Beziehungen. Kontakte zu Ägypten, das kulturell höher entwickelt war als Kreta (dort stand schon das Alte Reich mit seinen Pyramiden in voller Blüte), aber auch Kontakte mit Kleinasien und durch Kleinasien mit Mesopotamien wirkten sich vorteilhaft für die Entwicklung der minoischen Kultur aus. Trotz dieser Einflüsse bleibt sie eine völlig originale und autochthone Kultur.

Am Anfang der neuen Epoche kann man ein kräftiges Nachleben subneolithischer Elemente beobachten: die schwarzen, geschmauchten Gefäße des Pyrgosstils (so benannt nach einem Ort am Meer östlich von Kokkini Chani bei Herakleion, wo ein Höhlengrab entdeckt wurde, das unter anderem Gefäße dieses Stils enthielt) erinnern noch an die neolithische Keramik, obwohl ihre Formen vollkommener sind. Sie zeigen nicht farbigen Dekor, sondern Politurmuster. Bei dieser Technik wurden durch Glätten bestimmter Teile der Gefäßoberfläche mit dem Polierwerkzeug kontrastierende glänzende und matte Bezirke hergestellt und so verschiedene ornamentale Muster gebildet: Bänder, Halbkreise, Gitter. In den Formen zeigen die Gefäße Beziehungen zu denen der Kykladen. Charakteristisch sind die sogenannten „Pyxiden", niedrige zylindrische Büchsen mit einem Deckel und kugelige Schnurösengefäße. Charakteristisch sind ferner die großen Becher — in der Form unseren Abendmahlskelchen ähnlich —, die hauptsächlich in Pyrgos gefunden wurden, und die Becher und die Gefäße aus Partira mit hornförmigen Griffen. Auf neue Art ist dagegen die Keramik des Hagios-Onuphrios-Stils (so genannt nach dem Fundort von Gefäßen dieses Stils in der Mesara) verziert. Sie weist rote, gewöhnlich vertikale Linien auf, die zum Gefäßboden hin meridianartig zusammenlaufen. Häufige Gefäßformen dieses Stils sind die Schnabelkanne mit gerundetem Boden und Gefäße in der Gestalt von Vögeln und anderen Tieren.

Das Vorkommen von Marmoridolen des kykladischen Typs auf Kreta zeigt die Verbindung zu den Kykladen, wo Idole ähnlichen Typs auftreten, die allerdings manchmal wesentlich größer sind. In Kreta sind die „kykladischen" Idole klein und haben immer die Gestalt nackter weiblicher Figuren, die die Arme über der Brust verschränkt haben. Wahrscheinlich stellen sie eine Göttin dar. Es gibt auch eine ganze Reihe anderer anthropomorpher Idole, unter ihnen einige beinerne, die fast alle in Trapeza auf der Lasithi-Hochebene gefunden wurden. Sie sind, wie es scheint, lokale Nachbildungen der Kykladen-Idole. Andere primitivere Idole aus Stein in schematisierter Form mit zugespitztem Fußende, die aus der Mesara stammen, erinnern an protolibysche und praedynastische ägyptische Vorbilder.

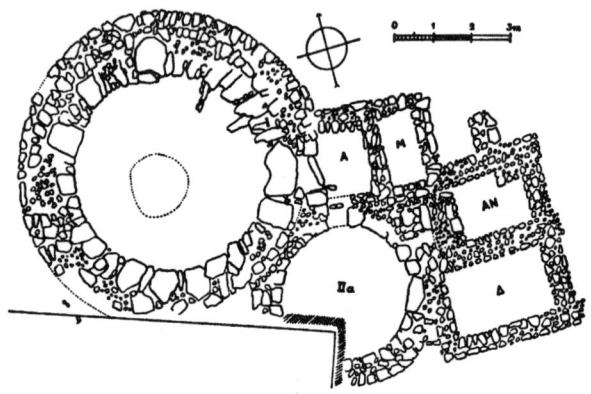

Überwölbte Gräber bei Lebena

Die Toten wurden weiter in felsigen Hohlräumen beigesetzt (z. B. bei Kyparissi in der Nähe von Herakleion, bei Zakros und bei Palaikastro), gleichzeitig aber treten die ersten gebauten Tholosgräber (in Lebena und Krasi) auf, backofenförmige Anlagen mit einem falschen Gewölbe, das durch Vorkragung erzielt wird, d. h. man setzt die Steine jeder folgenden Lage so, daß sie über die untere Lage hervorragen, bis sich endlich die überkragenden Lagen oben treffen und die Kuppel schließen. Es ist umstritten, ob diese Gräber, die einen Durchmesser von 5-10 m haben, tatsächlich mit einer Kuppel gedeckt waren — ihre Decken sind heute eingestürzt —, und es gibt die Hypothese, daß sie flache Holzdecken hatten. Aber der runde Grundriß, die Dicke der Wände, die Innenneigung der erhaltenen Mauern, die Tatsache, daß im Innern dieser Gräber auf großen Scheiterhaufen die Reste älterer Bestattungen verbrannt wurden, um für neue Bestattungen Platz zu schaffen und bestimmte Beobachtungen über die Lage der in das Grab hinabgestürzten Steine der Kuppel zeigen, daß die Gräber tatsächlich mit einer gewölbten Kuppel aus Stein und nicht mit Holzdächern gedeckt waren. Es ist wahrscheinlich, daß diese Gräber die Vorläufer der viel höher entwickelten, aber ebenfalls kraggewölbten Kuppelgräber der mykenischen Zeit sind, die auf dem griechischen Festland gefunden wurden. Die Kuppelgräber Kretas, deren Vorbilder nach Evans in Libyen zu suchen sind, gehörten ganzen Dorfsippen und wurden als Gemeinschaftsgräber einen sehr langen Zeitraum hindurch benutzt. Dieselbe Grabform tritt wenig später (FM II) in der Mesara (in Platanos, Kumasa, Porti und Hagia Triada) und bis hin in die Umgebung von Seteia (Myrsine) auf. In Palaikastro, Zakros und Mochlos existieren Grabanlagen in Form von rechteckigen, aneinandergereihten Kammern (Ossuarien). Die gleiche Grabform wurde auch in Archanes und Gurnes gefunden.

Die Höhlen (Miamu, Eileithyia-Höhle, Arkalochori, Trapeza, Platyvola) scheinen auch noch in der Vorpalastzeit als Behausungen gedient zu haben. Reste von Häusern (FM II) wurden jedoch in Vasiliki und in Myrtos bei Hierapetra gefunden. Sie bedeuten einen erstaunlichen Fortschritt im Hinblick auf die primitiven Hütten des Neolithikums. Diese Häuser haben mächtige Mauern mit dickem Mörtelputz und Türöffnungen und sind regelrecht in getrennte Räume aufgeteilt. Aus Vasiliki und aus Myrtos stammt hauptsächlich eine neue Keramikgattung, die jünger ist als die Pyrgosware und die Keramik des Hagios-Onuphrios-Stils. Ihr Dekor wird durch ungleichmäßiges Brennen erzielt. Die Gefäße des Vasiliki-Stils, Krüge und „Teekannen" mit einer langen Tülle, Becher mit einem Fuß usw., haben eine gesprenkelte oder gefleckte Oberfläche durch die Wirkung der Hitzewellen des Feuers. Am Ende der Vorpalastzeit er-

Tiervotiv aus einem Grab der Mesara

scheint polychromer Dekor, der den berühmten Kamares-Stil der nächsten Periode vorbereitet. Die Motive sind noch einfach, aber nicht mehr ausschließlich gradlinig: Jetzt wird in die Bemalung die Spirale eingeführt, die später das Hauptthema der minoischen Ornamentik wird. Es gibt eine Theorie, nach der die Spiralornamente und Wirbelmotive einen Einfluß der sog. „Bandkeramik" der Donauländer darstellen, der über die Kykladen vermittelt wurde, wo Steinpyxiden mit Spiralornamenten gefunden worden sind. Diese Verbindung ist aber keineswegs sicher. In Kreta kommen die ersten Spiralmuster auf Siegeln und Steingefäßen vor. Wahrscheinlicher ist, daß die Spiralornamentik auf orientalischen Einfluß zurückgeht (speziell auf den der orientalischen Goldschmiedekunst), wo die dekorative Verwendung von goldenen Drahtspiralen ebenfalls früh anzutreffen ist. Eine besondere Gattung schwarzer Gefäße mit gelblichweißem Dekor tritt hauptsächlich in Ostkreta auf. Die polychrome Keramik benutzt weiße und kirschrote Farbe auf schwarzem Grund. Die Töpferscheibe und der Töpferofen sind in dieser Zeit allgemein bekannt.

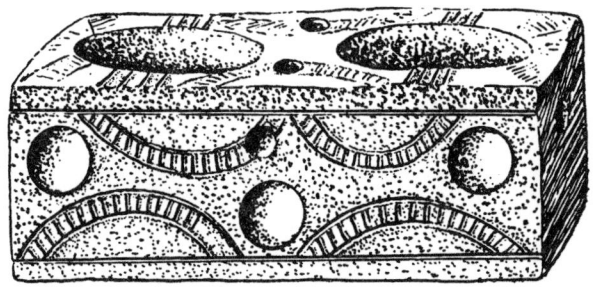

Steinerner „Kernos" aus der Mesara für Doppelopfer

Die Entwicklung der Seefahrt und der Kontakt mit Ägypten lehrten die Kreter die Technik der Steinbearbeitung und die Herstellung von Steingefäßen. Mit Hammer und Meißel wurden überflüssige Teile des Steins weggeschlagen, um ihm die Rohform zu geben; es folgte dann das Aushöhlen mit einem röhrenförmigen Holzbohrer und nassem Sand und die Glättung, die wiederum mit Sand durch langes, geduldiges Schleifen entstand. Es wurden kretische Steine verwandt: Speckstein, Tropfstein, Gipsstein, Schiefer, Serpentin und Kalkstein. Aus ihnen wurden beachtliche Steingefäße hergestellt, die als Grabbeigaben für die Toten dienten. Eine Anzahl solcher vortrefflicher Gefäße kommt aus den Gräbern der Insel Mochlos bei Seteia. Die Verschiedenartigkeit der kunstvollen Formen, die fast alle kretisch sind und nur in wenigen Fällen ägyptische Vorbilder nachahmen, sowie das Geschick des

Künstlers bei der Gestaltung des Gefäßes, die mit der natürlichen Äderung des Steines harmoniert, sind höchst bewundernswert. Einfacher und häufig kultischer Art sind die Gefäße aus den Gräbern der Mesara, sog. „Vogelnestgefäße" und „Kernoi" (Mehrfachgefäße) in Form von Salz-und-Pfeffer-Näpfen für doppelte oder mehrfache Opfergaben und verschiedene Arten von Bechern.

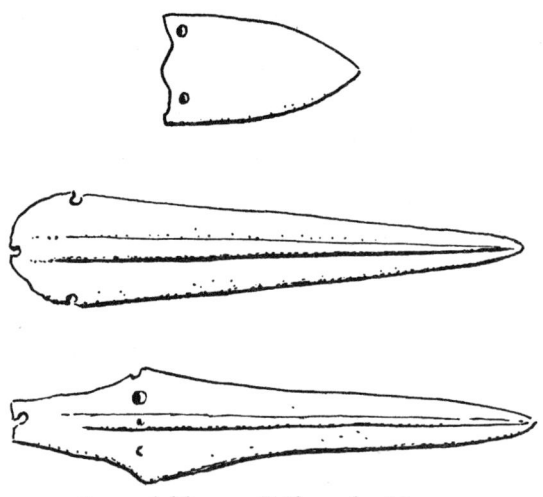

Bronzedolche aus Gräbern der Mesara

Aus den ägyptischen Goldminen auf der Sinaihalbinsel, aus der arabischen Wüste zwischen Nil und dem Rotem Meer und aus Kleinasien wurde Gold eingeführt, um daraus Goldschmuck herzustellen: Diademe, Haarnadeln, Halsbänder, feine Ketten und kleine Tierfiguren. Männer und Frauen trugen Schmuck; aber die Halsbänder bestanden nicht mehr aus Tonperlen wie zu Beginn der Vorpalastzeit, sondern aus Halbedelsteinen. Kretischer Bergkristall, violetter Amethyst und roter Karneol lieferten das Material für die Herstellung von Perlen verschiedener Form, während die ärmere Bevölkerung Halsbänder aus gewöhnlicheren Steinen trug. Es gab auch Perlen aus Glasfluß. Die Technik für ihre Herstellung wurde sicherlich aus Ägypten nach Kreta eingeführt. Ebenso wie die Steingefäße kennen wir auch die Schmucksachen aus Gräbern der Mesara und von Mochlos.

Das Kupfer, das ursprünglich unlegiert zur Herstellung kleiner fast dreieckiger Dolche benutzt wurde, wird später mit Zinn legiert, das sicher nicht von der fernen Iberischen Halbinsel oder aus dem noch ferneren Britannien, sondern wahrscheinlich aus Kleinasien über die Troas eingeführt wurde. Die so erzeugte Bronze diente zur Herstellung längerer Dolche, die oft auch eine verstärkte Mittelrippe haben. Silber, das vielleicht von den Kykladen (Siphnos) oder aus Kilikien eingeführt wurde, benutzte man ebenfalls, wenn auch seltener, zur Herstellung von Dolchen. Es sollte erwähnt werden, daß es vielleicht Kupferminen auf Kreta gab, zweifellos muß Kupfer aber auch aus Zypern und Kleinasien eingeführt worden sein.

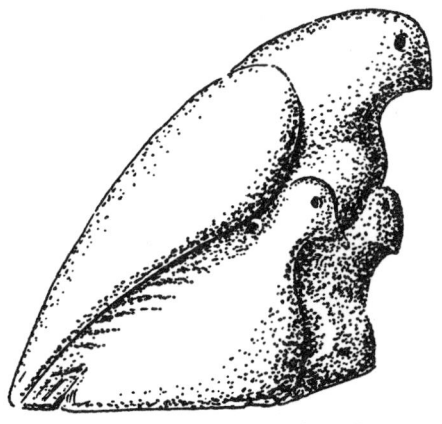

Elfenbeinsiegel. Taube mit ihren Jungen.

Seit der zweiten praepalatialen Periode treten in Kreta auch Siegel auf. Das ist ein weiterer Hinweis auf die Beziehungen der kretischen Kultur zu Vorderasien und Syrien, wo Siegel vergleichbarer Form vorkommen. Diese Siegel dienten hauptsächlich zur Sicherung von Kisten und Türen: Es wurden mit ihnen feuchte Tonstücke gesiegelt, die man auf dünne Schnüre drückte, mit denen die sicherungsbedürftigen Gegenstände verschlossen waren. Bestimmte Siegel aber wurden sehr wahrscheinlich von ihren Besitzern am Hals oder am Handgelenk als Amulette getragen wegen ihrer Kraft, Unheil abzuwenden. Die Siegel bestanden aus weichen Materialien: aus Knochen, Steatit (Speckstein) und Elfenbein, das aus Syrien oder Ägypten kam, später aber auch aus harten Halbedelsteinen. Sie haben gewöhnlich die Form eines Ringes, eines Petschafts, eines Knopfs, eines Kegels, eines Prismas und seltener die eines Zylinders. Dann aber gibt es auch figürliche Siegel, die verschiedene Tiere, z. B. Affen, Löwen, Stiere oder Vögel darstellen. Auf der Siegelfläche sind Linien, Kreuze, Sterne, S- und spiralförmige Ornamente und Darstellungen von Tieren und Menschen eingeschnitten. Gegen Ende der praepalatialen Periode finden sich auf den Siegeln auch hieroglyphische Zeichen. Also war eine Art von Schrift bereits bekannt.

2. Kapitel
ÄLTERE PALASTZEIT

Paläste, Siedlungen und Gräber

Um 2000 v. Chr. fand ein bedeutendes Ereignis statt: Zum ersten Mal wurden in Knossos, Phaistos und Mallia Gebäude errichtet, die solche Ausmaße hatten, daß man sie als Paläste bezeichnen kann. Aus der Gründung dieser Paläste ist mit Sicherheit zu schließen, daß in den entsprechenden Gebieten starke Herrschaftszentren entstanden waren. Offensichtlich hatte sich große Macht in den Händen der ehedem lokalen Fürsten vereinigt, die nun zu wirklichen Königen wurden und Dynastien begründeten. Es ist auch kein Zufall, daß alle drei großen Paläste in den fruchtbarsten Ebenen der Insel liegen: Die Könige waren zweifellos Besitzer großer Ländereien. Das bezeugen schon die ausgedehnten Magazine für landwirtschaftliche Erzeugnisse, wie Getreide, Wein und Olivenöl, die manchmal in riesenhaften Pithoi aufbewahrt wurden.

Die Durchführung bedeutender Arbeiten, z. B. die Planierung des Gipfels der Anhöhen in Knossos und Phaistos, die Errichtung großer Gebäude auf den planierten Flächen und der große senkrechte Schnitt in die Ostseite des Hügels von Knossos beweisen, daß die minoische Gesellschaft bereits zu einer strengen Arbeitsteilung gekommen war und über eine große Arbeiterschaft verfügte. Das System der Sklaverei, das bereits im Orient betrieben wurde, herrschte zweifellos auch im minoischen Kreta. Die große Zahl und die Verschiedenartigkeit der im Älteren Palast von Phaistos entdeckten Siegelabdrücke, die sicher verschiedenen Würdenträgern gehörten, beweist andererseits das Vorhandensein eines hinreichend entwickelten Beamtenwesens in den Palästen. Die Weiterentwicklung der Hieroglyphenschrift und das gleichzeitige Auftreten der Linear-A-Schrift, deren Zeichen im Palast von Phaistos gefunden wurden, fallen ebenfalls in die Ältere Palastzeit und stehen in Zusammenhang mit der bürokratischen Kontrolle der in die Magazine eingehenden und ausgehenden Waren.

Einzelne Kuppelgräber wurden auch noch in dieser Zeit benutzt, und neue Gräber gleicher Bauart entstanden jetzt in der Nähe von Knossos und in Kamilari bei Phaistos. Auch in den Ossuarien von Palaikastro und Mochlos bestattete man weiterhin Tote. In Chrysolakkos, nördlich des Palastes von Mallia, wurde eine große, rechteckige Umfassungsmauer errichtet, in deren Innenraum sich viele Grabkammern und besondere Plätze für einen Altar und eine kernosartige Opferplatte befinden. Gleichzeitig wurden Einzelbestattungen in Larnakes (Tontruhen) und Pithoi üblicher, so in Pachyammos und Sphungaras sowie in Ailias und Mavro Spelio in der Nähe von Knossos. Diese neuen Bestattungsformen und der schließliche Verzicht auf Gemeinschaftsbestattung, die für die vorhergehende Epoche so charakteristisch war, bekunden vielleicht, wie Glotz annahm, die allmähliche Schwächung der auf dem Sippenverband beruhenden Gesellschaftsform.

Große Teile des vorhandenen Palastes von Knossos wurden von Evans der Älteren Palastzeit zugeschrieben. In Phaistos stammen aus dieser Epoche die Westfassaden und der Westhof des Palastes, die Theateranlage, einige Kultstätten und eine ganze Reihe von Vorratsräumen mit dick verputzten Mauern, die an die praepalatialen Häuser in Vasiliki erinnern. In den Anfang der Älteren Palastzeit gehört ebenfalls ein anderes Haus in Vasiliki und ein Haus bei Chamaizi in der Nähe von Seteia in Ostkreta. Dieses Haus besteht aus einer elliptischen Außenmauer und Trennwänden, die Zimmer rund um einen kleinen Zentralhof bilden, in dem sich eine Zisterne befindet. Idole, die aus diesem Haus stammen, zeigen, daß zumindest bestimmte Teile des Gebäudes sakralen Charakter hatten. In das Ende der Älteren Palastzeit gehört auch die Anlage, die von J. C. Poursat in Mallia ausgegraben wurde.

Töpferei

Die Errichtung der Alten Paläste fiel zusammen mit einem sprunghaften Fortschritt in der Entwicklung der Keramik. Zu Beginn dieser Epoche herrschte die sog. Barbotine-Technik vor, für die dekorative Zacken und Zäpfchen charakteristisch sind, die man auf der Oberfläche des Gefäßes anbrachte, solange der Ton noch feucht war. Häufig ist diese Schmucktechnik mit polychromen gemalten Mustern verbunden. Später wurde in den Palästen von Phaistos und Knossos, sicher von Kunsthandwerkern, die zu den Palastwerkstätten gehörten, ein neuer Keramikstil von rein höfischem Charakter geschaffen. Der neue Stil bedeutet eine erstaunliche Entwicklung des polychromen Dekors aus dem Ende der Vorpalastzeit. Er wird Kamares-Stil genannt, weil Gefäße dieses Stils erstmalig in einer Höhle am Südhang des Ida, in der Nähe des heutigen Dorfes Kamares gefunden wurden. Die Gefäße, die sicher Trankopfer enthielten, wurden der Göttin dargebracht, die man in der Höhle verehrte. Sie stammen zweifellos aus dem Palast von Phaistos, wo bei den Ausgrabungen von Doro Levi eine große Zahl ähnlicher Gefäße gefunden wurden.

Kamaresamphora aus Phaistos

Das Hauptmerkmal des Kamares-Stils ist der große Reichtum an Spiral- und Kurvenornamenten, die auf die schwarze Oberfläche mit roter und weißer Farbe gemalt sind. Die rote Farbe zeigt Schattierungen von Kirschrot bzw. Indischrot, die für die frühe Phase charakteristisch ist, bis Orange. Helle Malerei auf dunklem Grund und dunkle Malerei auf hellem Grund sind manchmal auf ein und demselben Gefäß vereinigt. Unendlich ist die Vielfalt der Gefäßformen und der dekorativen Elemente: Spiralen, Pflanzenmotive, Rosetten, Kreise, Bänder, Linien, Netzgitter usw. Manche Gefäße haben Blüten, Muscheln und andere Motive als Reliefdekor; andere ahmen Metallgefäße mit gewelltem Rand nach. Es gibt aber auch eingeprägte Motive, die mit einem Stempel vor dem Brennen eingedrückt wurden. Die Spiralornamente sind manchmal in die Länge gezogen und ähneln Polypen; es begegnen uns aber auch Darstellungen von Fischen. So bereitet sich schon der Mee-

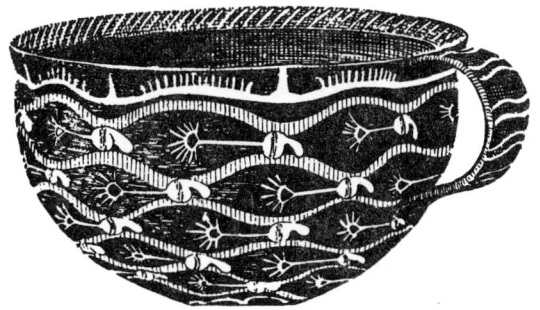

„Eierschalen"-Tasse aus Knossos

resstil der folgenden Epoche vor. Sehr selten treten schematisierte menschliche Figuren, Gottheiten, Tänzer usw. auf. Die menschliche Gestalt wurde absichtlich zum dekorativen Ornament, das man nur schwer erkennen kann, umgeformt. Daß diese Verformung absichtlich geschah, beweisen naturalistische Figuraldarstellungen auf Siegeln aus Phaistos. Die Hauptgefäßformen sind Krüge, Tassen, Fruchtständer, kleine und große Pithoi; seltener kommen Kratere und auch Rhyta vor. Eine besondere Gattung bilden die wunderbaren Eierschalengefäße. Es handelt sich gewöhnlich um Tassen mit Wänden so dünn wie Eierschalen. Die weitere Verbreitung der schnellen Töpferscheibe, die schon seit dem Ende der Vorpalastzeit bekannt war, erleichterte zweifellos diesen Fortschritt der Keramik.

Weitere Handwerke

Im Gegensatz dazu zeigen die Steingefäße nicht mehr die Mannigfaltigkeit der Vorpalastzeit; es tritt aber schon am Anfang der Älteren Palastzeit das „Blütenkelchgefäß" auf, das sich aus dem Vogelnestgefäß der ausgehenden Vorpalastzeit entwickelt hat. Es ist mit einem Relief von Blütenblättern verziert, die das Gefäß wie einen Blütenkelch umschließen. Einige Steinkannen mit seitlichem Ausguß, die an ähnliche keramische Formen der Älteren Palastzeit erinnern, gehören vielleicht ebenfalls in diese Epoche. Gleichzeitig treten Steinlampen auf. Aus Phaistos besitzen wir große Kernoi mit vielen Vertiefungen, die eine Weiterentwicklung der einfacheren frühminoischen Kernoi darstellen, außerdem kleinere Altäre.

Siegelabdruck aus Phaistos

Tonidole, die meist schematisiert und gelegentlich sogar primitiv und plump sind, wurden in Höhenheiligtümern, so in Petsophas, auf dem Iuktas, im Traostalos und auf dem Asterusia-Gebirge entdeckt, wo Adoranten sie als Opfer dargebracht hatten. Ihre Kleidung zeigt die Mode aus der Zeit der Älteren Paläste: Die Männer tragen nur einen engen Gürtel, in dem oft ein kleiner Dolch steckt, und eine Schamtasche. Die Frauen dagegen sind mit langen weiten Röcken und vorn offenen Leibchen bekleidet, deren oft breitausladende Kragen im Nacken spitz zulaufen und hochstehen. Der Kopf ist entweder von einem breitkrempigen Hut bedeckt, oder es ist ein Haarband um ihn gebunden, das von dem in

3. Vasen des Hagios Onuphrios-Stils

4. Eine Kanne des Vasiliki-Stils

Locken gedrehten Haar überragt wird. Ebenso wie später bei den Wandmalereien ist das Geschlecht der Idole durch die Farbe charakterisiert: Rot für die Männer und Weiß für die Frauen. Aus dem Höhenheiligtum im Traostalos bei Kato Zakros kamen die ersten Bronze-Idole von Adoranten. Sie sind den bereits beschriebenen Tonidolen ähnlich. Rhyta aus Ton, in Gestalt von Stieren tauchen in Gräbern von Porti und Mochlos auf sowie im Palast von Phaistos; Nachbildungen von Tieren — vornehmlich wieder von Stieren —, die gewöhnlich klein sind, wurden in allen oben erwähnten Höhenheiligtümern gefunden.

Siegel mit der Darstellung eines Bockes

Wie Architektur und Keramik so entwickelte sich auch die Siegelglyptik sprunghaft in der Älteren Palastzeit. Man bearbeitete jetzt auch harte Halbedelsteine wie Karneol, Achat, Bergkristall, Jaspis, Chalcedon, Hämatit und Meteorstein. Die üblichen Formen der Siegel sind das vierseitige oder dreiseitige Prisma mit länglichen, elliptischen Flächen, das scheibenförmige Siegel und das Petschaft, d. h. ein birnenförmiges Siegel mit einem kleinen Griff. Die Motive sind hieroglyphische Zeichen, Kreis- und Linienornamente, aber auch figürliche Darstellungen. Aus dem Älteren Palast von Phaistos haben wir, wie bereits erwähnt, auch eine Reihe von Siegelabdrücken in Ton, die einerseits in enger Verbindung zu den dekorativen Ornamenten der gleichzeitigen Kamaresware stehen, andererseits aber eine erstaunliche Fähigkeit zur Darstellung nicht nur von Blumen, sondern auch von Insekten und verschiedenen Tieren und seltener von Menschen zeigen. Es bereitet sich so der naturalistische Stil der nächsten Epoche vor. Viel einfacher und ärmer sind die Muster einer Reihe von Steatitsiegeln, hauptsächlich prismatischer Form, die in einer Siegelwerkstatt westlich des Palastes von Mallia gefunden wurden.

Auch die Metallbearbeitung machte rasche Fortschritte. Der lange Dolch mit verstärkter Mittelrippe erhielt in der Mesara jetzt auch einen Heftzapfen zur Vernietung mit einem hölzernen Griff. In Chamaizi begegnen uns bereits Doppeläxte für den täglichen Gebrauch, außerdem Lanzenspitzen, Beile und Meißel. Einschneidige Äxte stammen aus Palaikastro und Doppeläxte als Weihgaben aus dem Tholosgrab von Platanos in der Mesara. Ein Teil des Goldschmucks aus Kuppelgräbern gehört ebenfalls in diese Zeit. Ein einzigartiger goldener Anhänger aus der Älteren Palastzeit wurde in Chrysolakkos in der Nähe von Mallia gefunden. Es handelt sich um die Darstellung von zwei Bienen, die einen Tropfen Honig in eine Wabe füllen. Die Bienen sind symmetrisch an den beiden Seiten der Wabe angeordnet, die als granulierte Scheibe dargestellt ist. Dieser Schmuck stammt sicherlich aus dem Palast von Mallia. Aber im ganzen gesehen, erscheint der Palast von Mallia provinziell im Verhältnis zu den Palästen von Knossos und Phaistos. Die herrliche Kamaresware fehlt ihm fast völlig.

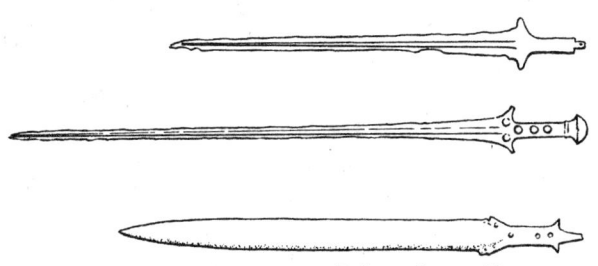

Bronzeschwerter der jüngeren Palastzeit aus Knossos und ein Schwert der Nachpalastzeit aus Muliana

Die Ausstrahlung der minoischen Kultur machte sich jetzt auch außerhalb Kretas bemerkbar. Es scheint, daß die Könige von Knossos schon die Grundlage für die sog. minoische Thalassokratie, eine Herrschaftsform, die sich auf die Seemacht stützt, gelegt hatten. Ein Reflex dieser Thalassokratie ist in den Werken späterer griechischer Schriftsteller erhalten. In der Stadt Phylakope auf Melos wurde Kamaresware gefunden. Höchstwahrscheinlich gab es dort bereits eine minoische Kolonie. Die gleiche Keramik ist in Lerna in der Nähe von Argos, auf Aigina und auf der Insel Kuphonesi südlich von Kreta gefunden worden. Wahrscheinlich gab es entsprechende kretische Stützpunkte für Seefahrt und Handel auch auf anderen Inseln und an verschiedenen günstigen Stellen der ägäischen Küste. Importe protopalatialer minoischer Keramik nach Ägypten und Syrien, und zwar nach Byblos und Ugarit, beweisen die Beziehungen Kretas zu diesen Ländern. Ähnliche Kontakte bestanden auch mit Zypern. Frieden und Wohlstand, die sog. *pax minoica*, herrschten auf Kreta, wie das völlige Fehlen von Befestigungen zeigt. Sicherlich erkannte die ganze Insel die Oberherrschaft des Königs von Knossos an. Es wurde sogar die Ansicht vertreten, daß die Paläste von Kreta nicht Sitze verschiedener Könige und Fürsten sind, sondern alle einem Herrscher gehörten, dem König von Knossos, der wie die orientalischen

Herrscher Paläste in allen Städten hatte und abwechselnd in ihnen residierte.

Plötzlich, um 1700 v. Chr., kam eine schreckliche Katastrophe über die drei kretischen Paläste. Wahrscheinlich war ein Erdbeben Ursache dieser Katastrophe, das gleichzeitig auch viele Stätten des westlichen Asiens von Troja bis Mittelpalästina erfaßt hat.

3. KAPITEL
JÜNGERE PALASTZEIT

Paläste, Villen, Siedlungen

Die Katastrophe von 1700 v. Chr. verursachte keine Unterbrechung der kulturellen Entwicklung. Die Paläste in den drei Hauptzentren Knossos, Phaistos und Mallia wurden sofort wieder aufgebaut, und das minoische Leben trat in die Epoche seiner höchsten Blüte ein. Die Trümmer der Älteren Paläste wurden planiert und in bestimmten Fällen, in Phaistos, mit einer dicken Schicht eines Gemisches aus Kalk und Ziegelsplitt bedeckt. Die erhaltenen Paläste gehören in ihren Grundzügen in diese Epoche.

Die neuen Paläste haben großartige Propyläen, Kolonnaden, Treppenhäuser zur Verbindung einer größeren Anzahl von Stockwerken, Lichthöfe für die Beleuchtung der dunklen Innenräume und Türensäle, d. h. Säle, in denen eine oder mehrere Wände ganz aus Türen bestehen, die man je nach Jahreszeit öffnen oder schließen konnte, um die gewünschte Klimatisierung zu erzielen. Eine Art kretischen Alabasters, den Gipsstein (Calciumsulfat), der in den Steinbrüchen von Knossos und Phaistos gebrochen wurde, benutzte man in Form von Platten zur Verkleidung großer Wand- und Fußbodenflächen und für die Sockel der hölzernen Türpfosten. Die Säulenbasen bestehen entweder aus demselben Material oder aus Poros (Kalkstein) und sind niedrig im Gegensatz zu den hohen Basen aus polychromem Stein in der Älteren Palastzeit. Aus Gipsstein sind auch

Westeingang zum Palast von Knossos (nach A. Evans)

die in den Jüngeren Palästen üblichen Steinbänke und ebenso die Treppenstufen. Für die Fußböden wurden auch grüne Schieferplatten mit Fugen aus rotem Stuck anstelle des unregelmäßigen Kalksteinplattenpflasters der vorhergehenden Epoche benutzt. Behauene Kalksteinquader dienten zur Verkleidung der Außenfassaden und der Lichthöfe. Das Dach war immer flach, aus Balken und Bohlen gefügt. Die Säulen bestanden aus Baumstämmen, sie verjüngten sich nach unten, und ihr Schaft war in der Regel nicht kanneliert. Aus Holz war auch das Säulenkapitell, der Vorläufer des mykenischen und des dorischen Kapitells. Gewöhnlich hatte man hölzerne Balken horizontal und vertikal in die Mauern eingezogen, so daß ein erdbebensicheres Rahmenwerk entstand. Feste Herdstätten, wie in den mykenischen Megaronbauten der Peloponnes, gibt es nicht. Im Gegensatz zu den beiden Hauptpalästen ist auch in dieser Periode der Palast von Mallia provinziell und weniger luxuriös: Sei-

Palast von Knossos. Fassade des Westflügels vom Zentralhof aus gesehen (nach A. Evans)

ne Mauern sind aus großen luftgetrockneten Ziegeln errichtet, Gipsstein fehlt hier.

Außer den drei Palästen gab es in der Jüngeren Palastzeit eine ganze Reihe kleinerer, aber prachtvoller Bauten, die man als Villen mächtiger Grundbesitzer ansehen könnte. Man hat behauptet, daß das Vorhandensein dieser Gebäude, deren Größe und Reichtum unterschiedlich ist, auf einen Verfall der königlichen Zentralmacht hinweist. In bestimmten Fällen handelt es sich wahrscheinlich um die Wohnsitze hoher Würdenträger oder Priester, die danach strebten, unabhängiger zu werden. In Knossos wurde z. B. kurz nach 1600 v. Chr. das sog. Südhaus erbaut, das die Ostmauer des großartigen Treppenportikus anschneidet, der einst zu dem Palast führte und nun durch ein Erdbeben zerstört war. Der kleine Palast, das Haus des Hohenpriesters, das Haus der heiligen Tribüne (House of the Chancel Screen), das Südosthaus sowie die sog. Königliche Villa

*Palast von Knossos. Treppenportikus und Südfassade
(nach A. Evans)*

sind mit ihrem ausgeprägt kultischen Charakter zweifellos ebenfalls Häuser angesehener Mitglieder der minoischen Aristokratie und vor allem der Priesterschaft.

Die in der Nähe von Phaistos gelegene Villa von Hagia Triada hält man für die Sommerresidenz der Könige von Phaistos oder — und das ist wahrscheinlicher — für den Sitz des Fürsten, der den westlichen

Palast von Knossos. Passage des Nordeingangs

Teil der Mésara beherrschte. Eine ländliche Villa aus der Jüngeren Palastzeit wurde in der Nähe von Gortys, östlich von Phaistos gefunden. In Tylissos entdeckte man drei große, nahe beieinander liegende Häuser. Östlich von Herakleion in Amnisos und noch weiter östlich in Niru gibt es ähnliche Gebäude. Sie haben Türensäle, Lichthöfe, mindestens zwei Stockwerke und

Treppen, Lustrationsbecken und andere heilige Stätten und oft Wandfresken.

Die bedeutenden Landsitze in Archanes und dem benachbarten Vathypetron, die von Marinatos ausgegraben wurden, gehörten sicher mächtigen Grundbesitzern, ebenso die Villen in Sklavokampos und Apodulu (Bezirk Rethymnon), die Villen in der Umgebung von Seteia (Zou, Piskokephalo, Achladia) und andere.

Ebenso wie die Paläste haben auch die Villen Magazine mit vielen Pithoi für die Aufbewahrung von Getreide und Hülsenfrüchten, von denen kleine Mengen verkohlt und zerbröckelt unter den Trümmern bei den Ausgrabungen zum Vorschein kamen. Ebenso müssen Olivenöl und Wein eingelagert gewesen sein. Keltern aus Ton für das Auspressen der Trauben mit einer Ausflußöffnung und einem Behälter für den Most wurden in Vathypetron und an anderen Orten gefunden. Die wirtschaftliche Grundlage dieser Haushalte muß also die Landwirtschaft gewesen sein.

Es ist nicht sicher, ob die Herren der kleinen Paläste oder Villen Beamte der Zentralverwaltung waren, die nach Autonomie strebten, wie es zeitweise in Ägypten der Fall war, oder ob es sich um lokale Grundbesitzer handelte, die dem König zinspflichtig waren. Es gibt jedenfalls keine Anzeichen ernsthafter Zwistigkeiten zwischen ihnen und den Königen. Die Anwesen blieben weiterhin unbefestigt, und der minoische Friede herrschte noch auf der Insel, wenn auch gewisse, von griechischen Schriftstellern überlieferte Sagen vom Streit zwischen Minos und seinen angeblichen Brüdern Sarpedon und Rhadamanthys und deren Auswanderung aus Kreta zeigen, daß dieser Friede nicht fortwährend und absolut herrschte.

Mit den großen und den kleinen Palästen ist das Bild des Lebens in der neopalatialen Periode nicht erschöpft. Die großen Paläste und zumindest bestimmte kleinere

Paläste waren von ganzen Städten und Dörfern umgeben. In Knossos bedeckten kleine und große Häuser mit Flachdächern, zwischen denen sich enge gepflasterte Straßen wanden, die Hänge des niedrigen Hügels, auf dem der mehrstöckige Palast stand. Eine Brücke über den Kairatos und Straßen verbanden die Stadt, die sich bis zu dem höheren Gypsadeshügel und dem Prophet-Elias-Hügel ausdehnte, mit dem Innern der Insel, während andere Straßen zum Haupthafen von Knossos an der Stelle des heutigen Poros und Katsambas an der Mündung des Kairatos führten. Eine stark bevölkerte, reiche Hafenstadt gedieh hier, und von ihrem Sandstrand brachen die minoischen Flotten in das Ägäische Meer, nach dem Orient und nach Ägypten auf. Die Bevölkerung von Knossos muß zusammen mit der Bevöl-

„Halle der Königin" im Palast von Phaistos (nach Pernier)

kerung seiner Hafenstadt viele tausend Einwohner gezählt haben. Andere Häfen in der Umgebung waren das bereits erwähnte Amnisos und der heute Hagioi Theodoroi genannte Ort.

Ähnliche Städte und Siedlungen erstreckten sich rund um den Palast von Phaistos und die Villa von Hagia Triada. Die Häfen dieser Gegend, Matala und Kommos, lagen am Westrand der Mesara zum Libyschen Meer hin.

Besser kennen wir die minoischen Städte in Ostkreta: Gurnia mit seinen engen Gassen und kleinen Häusern, in denen Bauern, Fischer, Seeleute und Handwerker wohnten. Die Stadt war an den Hängen eines Hügels errichtet, auf dessen Gipfel sich ein kleiner Palast erhob, der Sitz des Herrschers. Groß und reich waren die Häuser einer anderen minoischen Siedlung, die sich auf dem heute unbewohnten Inselchen Psyra im Golf von Mirabello befindet. Man hat angenommen, daß diese Häuser Eigentum reicher Bürger waren und daß die Insel verwaltungsmäßig zu Gurnia gehörte. Aber die Bedeutung dieser Insel als Handelsplatz und als Kontrollpunkt der Schiffahrt im Golf von Mirabello, ebenso wie die Existenz großer farbiger Reliefs, die denen ähneln, die in Knossos gefunden wurden, machen es wahrscheinlich, daß Psyra Sitz von Würdenträgern war, die unmittelbar dem zentralen Palast unterstanden. Prächtig und groß sind auch die Gebäude der minoischen Siedlung von Palaikastro an der Ostküste Kretas.

Das bedeutendste Zentrum dieser Gegend jedoch ist zweifellos der jüngst von N. Platon entdeckte Palast von Kato Zakros, der ungefähr in der Mitte der Ostküste, südlich von Palaikastro liegt. Diese Lage war sehr günstig für die Seefahrt nach Syrien, Zypern und Ägypten im Hinblick auf den Handel und die Einfuhr von Rohstoffen aus diesen Ländern. Kupferbarren aus Zypern und Elefantenzähne aus Syrien, die man im Palast

Hausmodell aus Knossos

fand, bestätigen diese Handelsbeziehungen zum Orient. Der Glanz dieses bedeutenden minoischen Küstensitzes, aus dem auch Tontafelarchive erhalten sind, zeigt sich hauptsächlich in dem einzigartigen Schatz steinerner Kultgefäße, der unberührt entdeckt wurde. Sicherlich brachen von diesem Küstenort die Gesandtschaften der Keftiu, wie die Ägypter die Kreter nannten, nach Ägypten auf, um dem Pharao als Geschenk kunstvolle Spendengefäße zu bringen, gleich denen, die in Zakros gefunden worden sind. Wir kennen diese Gesandtschaften von Wandgemälden in den Gräbern der ägyptischen „Wesire" aus der Zeit der Königin Hatschepsut und des Königs Thutmosis III. zwischen 1520 und 1450 v. Chr. Es bestanden also diplomatische Beziehungen, und es fand, wie es damals Sitte war, zwischen den Höfen ein Austausch von Geschenken statt.

Minoische Kolonien

Minoische Kolonien oder Handelsplätze existieren, wie es scheint, in neopalatialer Zeit an verschiedenen

Punkten in der Ägäis, nämlich auf Kythera, Melos, Kea, Thera, Skopelos, Rhodos, Karpathos und in Milet, sehr wahrscheinlich aber auch in Syrien. In der griechischen Sage finden wir einen Nachhall dieser Verbreitung des minoischen Einflusses in der Erwähnung verschiedener Städte, die den Namen Minoa tragen. Ein Minoa gab es auf einem kleinen Eiland bei Megara, andere auf Siphnos, Amorgos, Paros, in Lakonien (Monemvasia), auf Kerkyra und ebenso auf Sizilien. Minoische Nymphen werden auf Delos erwähnt. Auch auf Kreta gab es zwei Orte mit dem Namen Minoa an Plätzen, die für die Seefahrt von besonderer Bedeutung waren, nämlich im Golf von Mirabello und im Golf von Suda. Evans nahm an, daß es auch auf der Peloponnes minoische Niederlassungen mit kretischen Herrschern gegeben habe. Mit diesen Herrschern brachte er die Tholosgräber und die wertvollen Funde ganz unverkennbar minoischer Kunstwerke in Mykene in Verbindung. Die These von minoischen Kolonien auf der Peloponnes wird heute als zu weitgehende Schlußfolgerung angesehen, und die Gelehrten neigen zu der Ansicht, daß die sog. minoische Thalassokratie in neopalatialer Zeit von geringerer Bedeutung gewesen ist. Gesichert ist jedoch die Ausstrahlung der minoischen Kultur außerhalb Kretas und der lebhafte Einfluß, den sie auf der Peloponnes ausübte. Es ist möglich, daß sie diesen Einfluß nicht durch Eroberung ausübte, sondern durch gegenseitige Beziehungen, abwechselnd freundschaftliche und feindliche, durch Handel und durch Verschwägerung des Hofes von Kreta mit den lokalen achäischen Fürsten der Peloponnes. In der griechischen Mythologie, wo diese Ereignisse nachklingen, zeigt sich die zivilisatorische Wirkung der Minoer hauptsächlich in der Einführung von Kulturpflanzen auf den Inseln.

Bestattung der Toten

Am Anfang der neopalatialen Periode wurden die Toten in aus dem Fels gehauenen Kammergräbern in Pithoi oder ovalen Tonwannen (Larnakes) beigesetzt. Wir kennen diese Grabform gut aus der Umgebung von Knossos, wo sich die Bestattungen der protopalatialen Zeit fortsetzen. Besonders interessant ist ein Tholosgrab, das man südlich von Knossos entdeckte. Dieses Grab wurde in der vorhergehenden Epoche angelegt, aber auch in neopalatialer Zeit benutzt, ganz wie das erwähnte Grab von Kamilari. Die Neigung der Zeit zum Monumentalen zeigt sich auch in der Grabarchitektur. In den Jahren unmittelbar nach 1600 v. Chr. wurde ein Königsgrab (das sog. Tempelgrab) südlich von Knossos erbaut, das eine in den Felsen geschnittene Kammer für die Bestattungen und davor eine teilweise zweistöckige Anlage hatte, die aus einer Pfeilerkrypta, einem Vorhof und einer Säulenhalle bestand. Ganz offensichtlich ist in diesem Bau das Grab zugleich Heiligtum für den Kult des toten Königs, wie das von Diodor beschriebene Grab des Minos in Sizilien.

Wandmalerei

Die allgemeine Blüte des minoischen Lebens und die Entstehung volkreicher und glücklicher Städte ist zugleich auch eine neue Blütezeit der minoischen Kunst. Die Räume der Paläste waren jetzt nicht mehr nur mit einem farbigen Wandanstrich geschmückt, sondern auch mit ornamentalen und figuralen Wandmalereien. Man verwendete für sie haltbare, einfache und reine Mineral- und Metalloxydfarben: Rot, Gelb, Weiß, Schwarz, Blau und Grün. Die Technik ist keine reine al fresco-Malerei, wenn es auch scheint, daß eine gewisse Vorbereitung, z. B. Markierung von Leitlinien auf der Fläche mit einer dünnen Schnur, bereits stattfand, wenn die Bewurfschicht noch feucht war.

Die Motive der ornamentalen Wandmalereien sind Mäander, sog. Labyrinthe, schräge Linien, Rosen- und Spiralbänder und zuweilen Spiralrapporte aus Stuckrelief als Deckenschmuck.

Miniaturfresko aus Knossos

In die Zeit um 1500 v. Chr. gehören die meisten figuralen Stuckreliefgemälde. Die minoische Kunst liebte die Steinstatue und das Steinrelief nicht: Sie zog es vor, aus Stuck, einem Gemisch von Kalk und Sand, Gestalten zu bilden, die auf den Wandverputz aufgesetzt wurden. Darauf bemalte man das Relief farbig. In dieser Technik sind in Knossos der großartige Stier im Nordzugang, die Darstellung des Stierspringens im Ostflügel, der Priesterkönig (bekannter als der „Prinz mit der Federkrone"), ebenso die Damen oder wahrscheinlicher Göttinnen aus Psyra in Ostkreta ausgeführt.

In derselben Zeit wurden in Knossos die Miniaturfresken gebräuchlich, auf denen menschliche Gestalten in sehr kleinem Maßstab abgebildet werden. Die Darstellungen bildeten Friese in bestimmter Höhe der Mauer über der Alabastertäfelung. Motive der Miniaturfresken sind kultische Feste. Rings um ein dreiteiliges Heiligtum mit Säulen und einer Bekrönung durch Hörnerpaare, neben dem rechts und links reich geklei-

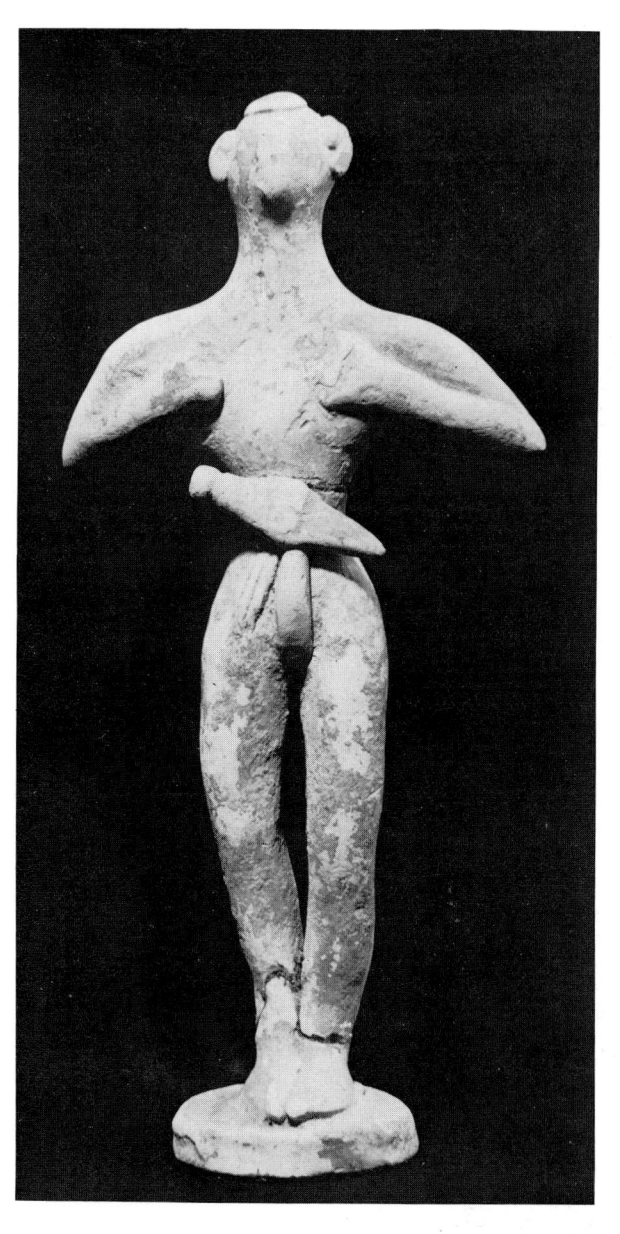

5. Mittelminoische Tonfigur eines Adoranten aus Petsophas

6a. Kamares-Kanne aus Phaistos

6b. Der Diskos von Phaistos

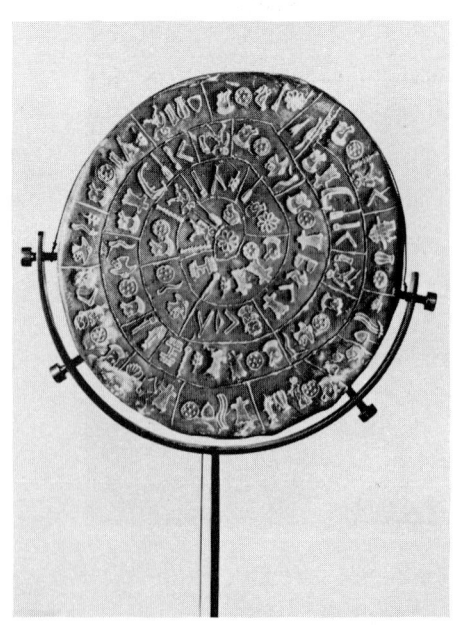

dete Damen oder Priesterinnen sitzen, hat sich eine Menge von Männern und Frauen versammelt. Auf einem anderen Fresko desselben Stiles ist ein Hain heiliger Ölbäume dargestellt, in dem ein Kulttanz aufgeführt wird. Auch hier verfolgen sitzende Priesterinnen die Zeremonie, während rundherum eine größere Anzahl von Männern und Frauen abgebildet ist. Die Männer werfen begeistert ihre Arme hoch und winken. Sicher erwartet die Menge der Adoranten auf den beiden Fresken ein großes Ereignis: die Epiphanie der Gottheit.

Interessant ist eine Anzahl Fresken dieser Periode aus dem „Freskohaus" und der „Karawanserei" in Knossos. In Felslandschaften aus geäderten Steinen, zwischen denen Lilien, Schwertlilien, Krokusse, Heckenrosen und Efeu wachsen, bewegen sich kleine Vögel, Affen und Rebhühner. Die Darstellung eines Offiziers und seiner schwarzen Sklaven kam ebenfalls im Freskohaus zutage. Es existieren auch Darstellungen von Wagen aus dem Palast. Das Fresko des Krokuspflückers stellt, wie sich erwiesen hat, einen Affen dar, den Evans als Menschen gedeutet hatte. Ungefähr gleichzeitig ist die Wanddekoration des „Megarons der Königin": Delphine und Fische, kleine und große, schwimmen zwischen Felsen, Seetang und Seeigeln.

Die menschlichen Gestalten wurden auch größer dargestellt als im Stil der Miniaturfresken. Auf den Fresken aus dem Ostflügel des Palastes in Knossos, die den Stiersprung abbilden, packen Frauen und Männer den Stier an den Hörnern und springen über seinen Rücken. In diesen Darstellungen werden aufeinanderfolgende Phasen des Wettkampfes in einem einzigen Augenblick kühn zusammengerafft wiedergegeben. Eine junge Tänzerin ist im Megaron der Königin abgebildet.

Etwas jünger, um 1450 v. Chr. zu datieren, ist ein Fresko aus dem Kultraum im Nordwestflügel des Palastes von Knossos, auf dem Adoranten einer sitzenden männlichen Gestalt, vielleicht dem Jungen Gott, Trankopfer darbringen. In dieser Zeit ist auch das prächtige, großfigurige Fresko einer Prozession zahlloser Gabenbringer gemalt: Es stellt junge Männer dar, die Rhyta und andere wertvolle Gefäße an einem Fest zu Ehren einer Königin oder Göttin herbeibringen.

Die kleineren Paläste und die Villen sind ebenfalls, wie schon gesagt, häufig mit Wandfresken ausgeschmückt. So stellen die Fresken in Amnisos weiße und rote Lilien dar. In Hagia Triada ist eine Göttin abgebildet, die neben einem Heiligtum sitzt, und eine Landschaft mit üppiger Vegetation, in der sich Vögel, Katzen und Wildziegen bewegen. Ein einzigartiger Kalksteinsarkophag ist mit wundervollen Fresken, die den Totenkult darstellen, bedeckt. In Tylissos gibt die Wanddekoration in Miniaturmalerei athletische Wettkämpfe wieder. Mit Wandfresken war auch eine andere Villa bei Prasa ausgemalt.

Plastik

Besonders die Plastik stand in der neopalatialen Periode in der Blüte. Wie in den vorhergehenden Epochen bevorzugten die kretischen Bildhauer die Herstellung kleiner Idole aus Fayence, Elfenbein, Bronze und seltener aus Stein. Es existieren auch Idole aus Ton. Eine Anzahl sehr interessanter Tonidole, Männer- und Frauengestalten in Adorantenhaltung und mit kunstvollen Frisuren, wurden in Piskokephalo gefunden. Bronzeidole von Adoranten stammen aus Tylissos, aus Hagia Triada und aus der Höhle von Psychro. Von den beiden letzterwähnten Plätzen besitzen wir auch kleine Tieridole, hauptsächlich Rinder, seltener Wildziegen und Pferde.

Die Fayencetechnik und die Technik des Glasflusses, die seit der praepalatialen Periode bekannt waren, wurden nun weiter vervollkommnet. Sand und Ton, gemischt mit harzartigen Substanzen, die als Bindemittel dienten, preßte man in eine Form; die Farbe erhielt man durch Zusatz eines Gemisches aus Metalloxyd und Alkali. Die so entstehende glasierte Oberfläche variierte in der Farbe von Meerblau bis Grün. In dieser Technik sind die berühmten Schlangengöttinnen aus dem Palast von Knossos hergestellt, in denen sich das Bestreben des minoischen Künstlers der neopalatialen Zeit um eine sorgfältigere Erfassung und eine genauere Wiedergabe der Natur manifestiert. Der Körper wird nicht mehr in abstrakter Form schematisiert, wie es in den vorhergehenden Epochen geschehen war. Das bedeutet jedoch nicht, daß die minoische Kunst der neopalatialen Zeit völlig „naturalistisch" war, wie man manchmal gesagt hat. Vielmehr herrschte in dieser Epoche, wie in allen klassischen Epochen, ein vollkommenes Gleichgewicht zwischen dem von der Natur gegebenen Inhalt und der vom Künstler intendierten Form. Zur künstlerischen Intention müssen bestimmte Haltungen und Bewegungen, die Manier, das Auge auf den Wandmalereien immer en face abzubilden, und die Charakterisierung des Geschlechts durch die Farbgebung gerechnet werden. In der Plastik vermied man die Betonung des Details. Die Oberfläche ist flüchtig, summarisch behandelt, so wird der Eindruck von Geschmeidigkeit und kindlicher Zartheit erzielt. Die Schlangengöttinnen geben uns eine Vorstellung der luxuriösen und kunstvollen weiblichen Mode, die am minoischen Hof um 1600 v. Chr. herrschte: Man trug Volantröcke, einen Schurz und Mieder, die die Brust frei ließen. Die männliche Tracht der neopalatialen Zeit ist bereichert durch einen gestickten Schurz. Manchmal trugen auch Männer, nämlich Priester und Musikanten, lange weibliche Kleider.

Aus Fayence sind zwei Platten, die wie die Schlangengöttinnen in den Krypten des Palastheiligtums gefunden wurden. Sie stellen — sicher als Erscheinungsformen der Muttergottheit — eine Kuh und eine Wildziege dar, die ihre Jungen säugen.

Zu den Meisterwerken der Epoche gehört auch der Stierspringer aus Knossos, eine Elfenbeinstatuette, die einen Jüngling darstellt, der den akrobatischen Sprung über den Stier ausführt. Diese früheste Darstellung einer sich frei im Raum bewegenden und vor allem schwebenden Gestalt ist eine große Leistung.

Es existieren auch andere Elfenbeingegenstände, wie die Reliefpyxis aus Katsamba mit der Darstellung eines Stierkampfes und die Kinderfigürchen aus Palaikastro. In den Museen von Boston und Toronto gibt es zwei Elfenbeinstatuetten, an denen einige Teile aus Gold sind. Die erste stellt eine Schlangengöttin dar, die andere eine Wettkämpferin oder Göttin in der Kleidung einer Stierspringerin. Es bestehen allerdings Zweifel an der Echtheit dieser Statuetten, weil sie nicht bei Ausgrabungen gefunden worden sind.

Hervorragend sind die steinernen Spendengefäße oder Rhyta aus der neopalatialen Zeit. Einige von ihnen haben die Gestalt des Kopfes eines heiligen Tieres: So stammt aus dem Kleinen Palast von Knossos der berühmte Stierkopf aus Steatit, mit eingelegten Augen aus Bergkristall. Die Nasenöffnungen sind von einer Muscheleinlage umrahmt. Ein ähnliches, kleineres Gefäß wurde in Zakros gefunden. Ein entsprechendes Gerät ist der Alabasterkopf einer Löwin aus dem Palast von Knossos. Es gibt auch Tonrhyta in der Gestalt eines Stierkopfes oder sogar eines ganzen Stieres.

Drei steinerne Reliefgefäße, von denen zwei ebenfalls Rhyta sind, stammen aus dem Kleinen Palast von Hagia Triada. Das eine (das Athletengefäß), ein konisches Rhyton, bietet Stier- und Boxkampfdarstellungen: Kühn bewegte Gestalten, einige gestürzt, mit den Füßen in der Luft, zeigen auch hier das Streben der minoischen Kunst zum Augenblicksbild, im Gegensatz zur statischen und unbewegten Darstellung der orientalischen Kunst. Das andere Rhyton aus Hagia Triada, die berühmte Schnittervase, die die Form eines Straußeneis hat, ist mit der Abbildung eines Festzuges im Zusammenhang mit der ländlichen Ernte und dem Naturkult geschmückt. Männer, die eine dreizinkige, zugleich als Sichel ausgebildete Worfelgabel tragen, marschieren unter Führung eines Priesters oder Prinzen mit einem Schuppenkleid und einem großen Stock. Eine Musikantengruppe singt zur Begleitung eines Instruments, das dem ägyptischen Isissistrum ähnelt. Einer der Vorbeiziehenden stürzt, sein Nebenmann wendet sogleich den Kopf, um nach ihm zu sehen. Das dritte Gefäß, ein Becher, zeigt die Darstellung eines Offiziers, der ein Schwert trägt und die Häute von großen Tieren, wahrscheinlich geopferten Stieren, einem jungen König oder Prinzen überbringt, der mit dem Zepter vor dem Gebäude steht.

Ein anderes wundervolles Steinrhyton mit Reliefdarstellungen eines dreiteiligen Heiligtums wurde im Palast von Kato Zakros gefunden. Das dargestellte Heiligtum befindet sich auf einem felsigen Berg, vor ihm stehen Altäre, Wildziegen liegen auf seinem Dach oder laufen um das Heiligtum herum, Tauben flattern über den heiligen Hörnerpaaren oder sitzen auf ihnen. Das Gefäß war mit Blattgold überzogen und bietet so den Eindruck, als ob es ganz aus Gold sei; es scheint, daß viele, wenn nicht sogar alle steinernen Reliefgefäße einen ähnlichen Goldüberzug hatten.

Andere Rhyta aus Stein haben die Form von Tritonshörnern; es existiert aus den Palästen von Knossos und Zakros auch eine Anzahl verschiedenartiger Steingefäße, die keramische Formen nachahmen: Amphoren, Kannen, Schalen, Becher, kleine Pithoi und andere. Üblich sind ebenfalls steinerne Opfertische und Lampen mit und ohne Fuß und mit zwei oder mehr Tüllen für die Dochte. Die Lampen sind oft auch mit Reliefornamenten, mit Spiralen oder Blättern verziert. Die Gefäße wurden gewöhnlich aus Kalkstein, Serpentin, ägyptischem Alabaster, Porphyr und Konglomeratgestein hergestellt. Seltener benutzte man Obsidian und Bergkristall, aus dem nur ein einziges Beispiel aus Zakros existiert, das zugleich mit Golddraht verziert ist. Es gibt auch Gefäßfragmente mit Darstellungen kultischer Szenen, Oktopoden usw.

Keramik

Auch die Keramik kommt in neopalatialer Zeit zu neuer Blüte. Auf diesem Gebiet bestätigt sich ebenfalls die Tendenz der minoischen Kunst zu schneller Entwicklung. Schnell werden die erreichten Formen überwunden, und man strebt nach neuen, ohne jedoch die Kontinuität des Grundcharakters der minoischen Kultur zu unterbrechen oder ihn völlig zu verändern. Am Anfang der Epoche lebten die dekorativen Stilformen der protopalatialen Zeit weiter, jedoch ohne die schöpferische Kraft, die sie einst besaßen. Der berühmte Kamares-Stil hatte aufgehört, aber es herrschte noch die Hellmalerei auf dunklem Grund (light-on-dark). Die Ornamente stehen also in weißer und roter Farbe auf dunkler Oberfläche. Üblich sind als ornamentale Motive: weiße Spiralen, Bänder und Punkte, manchmal mit Reliefdekor verbunden. Die Gefäßformen wurden schlanker, länglicher mit deutlicher Verjüngung nach unten. Die Pithoi sind mit Reliefschnüren in Wellenlinien und mit runden erhabenen oder eingepreßten Medaillons verziert. Neben den alten Gefäßformen haben wir jetzt auch neue, unter denen die charakteristischste die Bügelkanne ist, die eine echte Mündung hat und eine andere falsche, d. h. geschlossene, an der sich zwei kleine Henkel befinden.

Die Lilien-Vasen aus Knossos

Schrittweise wird der Gebrauch der weißen Farbe auf sekundäre Motive, z. B. Linien und Punkte, beschränkt und hörte schließlich ganz auf, während eine andere Technik vorherrschend wurde, die die Dunkelmalerei auf hellem Grunde (dark-on-light) pflegte, d. h. dunkle Motive auf der hellfarbigen, gelblichen Oberfläche des Gefäßes. Die Farbe variiert je nach dem Grade des Brandes des Gefäßes von Braun bis zu einem tiefen Rot. Der ornamentale Schmuck, wie Spiralen, Girlanden, Streifen, verschwand nicht, sondern war auf eine Nebenrolle und auf minderwichtige Stellen des Gefäßes beschränkt, so auf den Hals, die Schultern und die Henkel, während Darstellungen von Pflanzen und Meeresmotive vorherrschend wurden. Es entfalteten sich so als Entwicklung aus dem abstrakten Dekor der vorhergehenden Epoche zwei Stile, der Flora-Stil und ein wenig später, nach 1500 v. Chr., der Meeresstil. Zu den ältesten Zeugnissen des Flora-Stils, um 1600 v. Chr., gehören bestimmte Gefäße aus dem Palast von Knossos mit weißen Lilien, die an das Lilienfresko aus Amnisos erinnern. Der Flora-Stil liebte ebenfalls den Dekor zarter Zweige mit gegenständigen Blättern, später auf ägyptischen Einfluß hin, Papyrusstaudendekor. Charakteristische Gefäße des Flora-Stils sind in Tylissos, Niru und Vathypetron gefunden worden. Zu den schönsten Beispielen dieser Gattung gehört außer den bereits erwähnten Lilienvasen eine hervorragende Kanne aus Phaistos, die mit zartem, sich verzweigendem Blattwerk überzogen ist. Die Gefäße des Meeresstils, Rhyta, Gefäße mit seitlichem Ausguß und dreihenklige Amphoren, sind mit Oktopoden, Nautili, Tritonshörnern, Seesternen, Felsen und Seetang bemalt. Eine Bügelkanne aus Gurnia ist mit einer wundervollen Darstellung eines Oktopoden geschmückt, der mit seinen Fangarmen, an denen man deutlich die Saugnäpfe sieht, das Gefäß umgreift. Diese geschmeidigen Organismen sind nach minoischem künstlerischem Empfinden geeignet als Dekor für gewölbte Oberflächen, während man andererseits höhere Lebewesen als zu starr gemieden hat. Menschliche Gestalten wurden nur als Relief auf Stein- und Elfenbeingegenständen wiedergegeben. Es existiert aber auch eine Anzahl von Gefäßen mit kultischen Motiven, wie Stierköpfen, Doppeläxten, heiligen Knoten usw.

Metallbearbeitung

Wie die anderen Künste und Handwerke so erreichte auch die Metallbearbeitung in neopalatialer Zeit den Höhepunkt ihrer Entwicklung. In Tylissos wurden große halbkugelförmige Bronzekessel gefunden, die aus zusammengenieteten Einzelteilen hergestellt sind. Eine große Zahl verschiedener Bronzegefäße, häufig mit getriebenem Reliefdekor, darunter Wasserkrüge, Dreifußkessel, Becken, Kannen und Amphoren, stammen aus Knossos, hauptsächlich aus dem Nordwesthaus und dem Südhaus sowie aus den Gräbern von Mallia und Ostkreta. Das Südhaus von Knossos enthielt auch eine ganze Anzahl von Silbergefäßen. Ein einhenkeliger Goldbecher wurde in einem Grab in Hagios Joannes gefunden. Ebenso gibt es mannigfaltige Bronzewerkzeuge: Doppeläxte für den täglichen Gebrauch und solche kultischen Charakters (aus dem Megaronbau von Niru und der Höhle von Arkalochori), einfache Äxte, Beile, Hämmer, Messer, Sägen — teilweise sehr große für das Fällen von Bäumen — und Angelhaken. Erstmalig treten in neopalatialer Zeit Schwerter auf, die zuweilen sehr lang sind (einen Meter ohne Griff), wie z. B. diejenigen, die in der Höhle von Arkalochori gefunden worden sind. Ein charakteristischer Schwerttyp der neopalatialen Zeit ist der mit schrägen hornartigen Fortsätzen unterhalb des Heftes, die als Parierstange dienen. Zwei Prunkschwerter wurden im Palast von Mallia gefunden. Das eine hat einen Knauf aus Bergkristall und das andere an der Unterseite des Schwertknaufes eine Goldscheibe, auf der in getriebener Arbeit ein Akrobat dargestellt ist, der ein gefährliches Kunststück vollführt, das in Wirklichkeit sicher über der Spitze des senkrecht auf dem Boden stehenden Schwertes ausgeführt wurde. Aus Gold stellte man auch die verschiedenartigsten Schmuckstücke her, Ohrgehänge in Stierkopfform, Perlen für Halsketten, Siegelringe, zuweilen mit Darstellungen kultischer Szenen und kleine, sehr anmutige Tierfiguren und Amulette.

Siegel

Eine große Blüte erlebte in neopalatialer Zeit auch die Siegelglyptik. Üblich sind jetzt Amygdaloide (mandelförmig) und Lentoide (linsenförmig) aus harten Halbedelsteinen: Karneol, Onyx, Sardonyx, Achat, Jaspis, Hämatit, Bergkristall, Amethyst und Chalcedon. Die Bilder stammen aus der Natur: Tintenfische, Fische, Vögel, Zweige, Stiere, Löwen, die Stiere reißen, und Wildziegen werden auf den Siegelsteinen dargestellt. Oft ist die Szene im antithetischen Gegenüber gruppiert. Dann wieder werden Kultfeiern, Stierspiele, heilige Gebäude und Spendengefäße abgebildet. Zugleich begegnen uns die verschiedensten Dämonengestalten, wie die ägyptische Nilpferd- und Krokodilgottheit Ta-urt, Mischwesen wie Greifen und Sphingen, der Stiermensch und eine ganze Reihe von fratzenhaften Schreckgespenstern, die hauptsächlich auf den Siegeln aus Zakros erscheinen. Entsprechende Siegelabdrücke in Ton besitzen wir aus Hagia Triada, Knossos, Sklavokampos und Gurnia. Auf einigen von ihnen finden wir die ersten Darstellungen des schnellen, zweirädrigen, von Pferden gezogenen Streitwagens. Die neue Waffe wurde zusammen mit dem edlen Tier sicherlich aus Ägypten eingeführt, wohin sie durch die asiatischen Hyksos gekommen war. In diesen Siegelbildern erreicht die schon in der vorhergehenden Periode sich entfaltende synthetische Fähigkeit der minoischen Künstler ihre Vollendung. Die Einzelmotive jedes Bildes sind nicht parataktisch aneinandergereiht wie im Orient, sondern synthetisch zu einer Einheit komponiert, die sich der zu verzierenden Fläche nach ästhetischen Prinzipien ohne Rücksicht auf den faktischen Inhalt der Darstellungen anpaßt. Diese Tendenz zur Synthese und die Anlage der minoischen Kunst zu fortschreitender Entwicklung, von der wir bereits sprachen, sind Grundcharakteristika der gesamten minoischen Kultur.

Die Katastrophe von 1450 v. Chr.

In dieser Zeit der höchsten Blüte in der ersten Hälfte des 15. Jahrhunderts v. Chr. ereignete sich plötzlich um 1450 v. Chr. eine neue Katastrophe. Alle Zentren der minoischen Kultur, Phaistos, Hagia Triada, Mallia, die Megaronbauten von Tylissos, Vathypetron, Niru und Amnisos, die Städte in Ostkreta, nämlich Gurnia, Psyra, Palaikastro und Zakros, sanken in Trümmer. Auch die Stadt Knossos wurde von der Katastrophe heimgesucht, die in den meisten Fällen mit Großbränden verbunden war. Sicherlich ist diese Katastrophe auf einen gewaltigen Ausbruch des Vulkans von Thera zurückzuführen, der eine Reihe vernichtender Erdbeben und eine große Flutwelle auslöste, die die Nordküste von Kreta überspülte und die minoische Flotte zerstörte. Diese Theorie stammt von Professor Spyridon Marinatos. Die Kombination der Katastrophe der kretischen Städte mit der Tätigkeit des Vulkans von Thera ist gesichert, da sich die gleichen Phänomene, nämlich Aktivität des Vulkans, Erdbeben und Flutwellen, auf Kreta in kleinerem Maßstab während des Kretischen Krieges 1650 n. Chr. und 1956 in unserer Zeit wiederholten. Der Mythos von Atlantis wurde als Nachhall dieser Katastrophe gedeutet.

Lange Zeit waren viele überzeugt, daß die endgültige Zerstörung der minoischen Zentren gleichzeitig mit der endgültigen Zerstörung des Palastes von Knossos etwa um 1400 v. Chr. erfolgt ist. Die Schwierigkeit, die sich aus dieser Annahme ergibt, besteht, wie wir noch sehen werden, darin, daß in Knossos die von der endgültigen Katastrophe herrührende Trümmerschicht Keramik des späten Palaststils enthält, während sich in den Zerstörungsschichten der übrigen Zentren ältere Keramik befindet, Keramik mit Weißmalerei, die für den Beginn der spätminoischen Epoche charakteristisch ist, und ebenso Keramik des Flora- und des Meeresstils. Diese Diskrepanz ist von vielen Gelehrten mit einer Stil- und nicht mit einer Zeitdifferenz erklärt worden. So nahm man an, daß in Knossos der Palaststil herrschte, während im übrigen Kreta die ältere Kunstform andauerte. Die Ausgrabungen von Sinclair Hood in den minoischen Häusern von Knossos haben aber gezeigt, daß in Knossos eine Katastrophe zur gleichen Zeit wie in den anderen minoischen Zentren in Spätminoisch I B eintrat (1450 v. Chr.). Die knossischen Funde, die aus dieser Zerstörungsschicht stammen, entsprechen genau den Parallelfunden aus den übrigen minoischen Stätten. Es besteht also kein Grund mehr, die Katastrophe dieser Zentren auf 1400 v. Chr. herabzudatieren.

Nach dieser Katastrophe scheinen die anderen minoischen Zentren eine Zeitlang verlassen gewesen zu sein, während in Knossos ein neuer Entwicklungsabschnitt begann. Diese Tatsache findet ihre Erklärung, wenn wir annehmen, daß nach der Naturkatastrophe eine Invasion von Achäern aus der Peloponnes erfolgte, die sich in Knossos festsetzten. Nach einer These, die vor allem Hood vertritt, ist die Katastrophe dem Einfall der Achäer und nicht Naturereignissen zuzuschreiben, während andere glauben, daß die Achäer friedlich, vielleicht durch Heirat zwischen den königlichen Familien, nach Knossos gekommen sind und so die herrschende kretische Dynastie hellenisiert haben. Daß auf alle Fälle unmittelbar oder kurz nach der Katastrophe ein dynastischer Umsturz in Kreta stattfand, ist sicher. Nur so kann man erklären, daß die Kreter ihre zerstörten Siedlungen nicht wieder aufbauten. Der in der Hauptstadt residierende fremdstämmige Herrscher gebot sehr wahrscheinlich, daß man die anderen minoischen Zentren nicht wieder aufbaute, da deren Bevölkerung, soweit sie sich nicht durch Flucht gerettet hatte, wohl sowieso durch Massentötungen, Kriegsgefangenschaft und Umsiedlung an andere Orte fürchterlich dezimiert war. Entfernte und schwer zu kontrollierende Zentren, wie z. B. Zakros, waren ohnehin für die Mykener nicht unmittelbar notwendig, da sie ihre eigenen Verbindungswege zum Orient besaßen.

Die Zeit des „Palaststils"

Wie es sich damit auch immer verhält, eines ist sicher: Seit dieser Zeit, d. h. im wesentlichen von 1450 v. Chr. an, zeigen sich in Knossos bedeutsame Veränderungen, die schon Evans als Hinweise auf einen Wechsel der Dynastie auffaßte. Die größte Veränderung ist die Ausbildung einer neuen Schrift durch Umbildung der minoischen Linear A-Schrift. Das neue Schriftsystem, Linear B, wurde zur Verbuchung des Palastvermögens benutzt. Die Sprache dieser Texte ist mykenisches Griechisch, die früheste uns bekannte Form der griechischen Sprache. Ungefähr 3000 Tontafeln mit Linear B-Schriftzeichen kamen im Palast von Knossos zutage.

Amphora im Palaststil aus der Hafenstadt von Knossos

In dieser Epoche wurde in Knossos auch ein neuer Keramik-Stil geschaffen bzw. übernommen. Obwohl dieser Stil eine Weiterentwicklung der minoischen Stile der neopalatialen Periode darstellt, begegnet er uns sonst kaum irgendwo auf Kreta, wohl aber findet man ihn auf der Peloponnes. Diese Tatsache wurde von einigen Gelehrten als Zeugnis dafür angesehen, daß der Stil von nichtminoischen, achäischen Impulsen inspiriert ist, in denen sie (wohl ein wenig übertrieben) die logische Klarheit des griechischen Geistes und seine Tendenz zur Symmetrie zu erkennen glauben.

Es handelt sich um den bereits erwähnten Palaststil. Leitformen des neuen Stils sind die dreihenklige Amphora mit breitem, nach außen gekehrtem Mündungs-

Kylix im Palaststil aus der Hafenstadt von Knossos

rand, das flache, beutelförmige Alabastergefäß und die tiefe, bauchige Kylix. Dekorationsmuster sind stilisierte Papyrusblüten mit und ohne Stauden, Lilien, Efeublätter, Oktopoden, die gern stilisiert dargestellt werden, wobei sich die saugnapflosen Fangarme in symmetrisch angeordneten Spiralen an beiden Seiten des Körpers befinden, Nautili und seltener Fische. Die kleinen Meeresmotive, wie z. B. der Seetang, fehlen ganz. Der Dekor ist nicht in Zonen gegliedert, sondern meistens als Einheit gestaltet, die das ganze Gefäß entweder umlaufend oder besondere Ansichtsfelder bildend überzieht. So können z. B. die Räume, die zwischen den Henkeln der Amphore liegen, mit einem Nautilus oder einer Papyrusblüte und einer Rosette angefüllt sein. Von vortrefflicher Qualität des Dekors sind die berühmten dreihenkligen Palastamphoren und Pithoi, die an der Westseite des Palastes von Knossos und in einigen Häusern seiner Umgebung gefunden worden sind. Außer den erwähnten Darstellungen begegnen uns auf ihnen Doppeläxte und Papyrusreliefs. Auf anderen Gefäßen derselben Epoche finden wir Helme und achtförmige Schilde. Erstmals erscheinen nun — vielleicht von der Wandmalerei beeinflußt — Vögel als dekoratives Element der Vasenmalerei.

Ganz allgemein ist eine antinaturalistische Tendenz und eine Rückkehr zu ornamentaler Gestaltung, allerdings in völlig anderer Art als im Kamares-Stil, zu beobachten. Die Oktopoden und die Pflanzenmotive — manchmal absichtlich aneinandergereiht oder invertiert angeordnet — neigen dazu, die pulsierende Lebendigkeit

Kanne im Palaststil aus der Hafenstadt von Knossos

und Bewegung der vorhergehenden Epoche zu verlieren und sich neuerlich wieder in abstrakte Motive zu verwandeln. Die Vögel der Vasenbilder sind aus Elementen verschiedener Gattungen kontaminiert, nämlich aus Rebhuhn, Fasan und Wasservogel. Selbstverständlich sind diese Tendenzen der eigengesetzlichen Entwicklung der Formen inhärent und nicht dem Einfluß des achäischen Bevölkerungselements zuzuschreiben. Es ist sicher, daß

7a. Goldanhänger aus Mallia

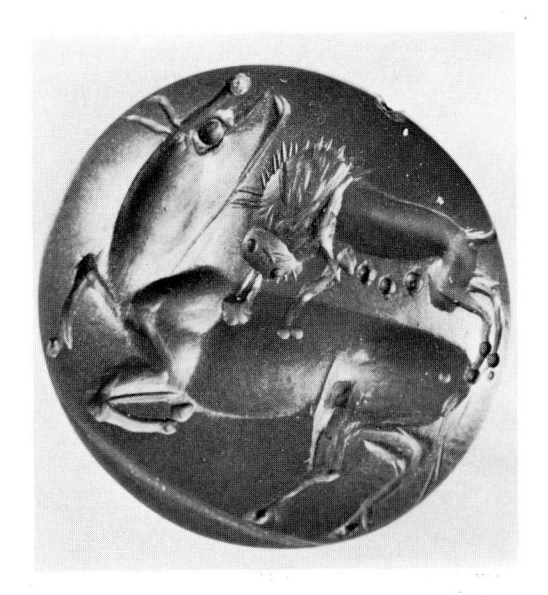

7b. Ein Siegelstein aus Knossos

8a. Medaillon-Pithos aus Knossos

8b. Elfenbeinakrobat aus Knossos

9. Kanne des Pflanzenstils aus Phaistos

10. Vase des Meeresstils aus Palaikastro

auch ohne die mykenischen Einwanderer die freie und von religiösen Bindungen unabhängige kretische Kunst wie in den vorhergehenden Epochen nach neuen Formen gesucht hätte und daß, nachdem alle Möglichkeiten des Naturalismus ausgeschöpft waren, die neue Wendung mit innerer Notwendigkeit gekommen wäre. Denn das sind die beiden Pole, zwischen denen sich jede unabhängige Kunst bewegt, wie Christian Zervos trefflich dargelegt hat.

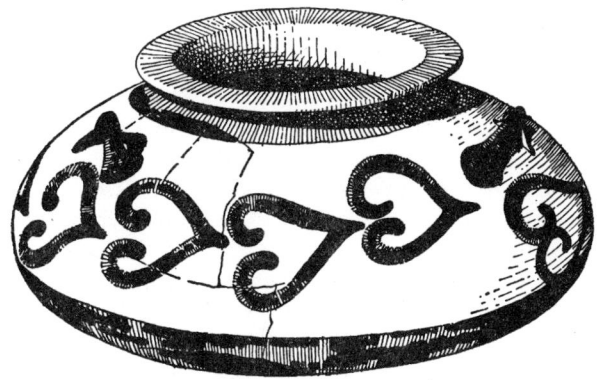

„Alabastron" im Palaststil

In der Wandmalerei dieser Epoche kann man dieselben antinaturalistischen Tendenzen beobachten. Im Thronsaal von Knossos, der, wie man annimmt, in dieser Zeit ausgestaltet wurde, sind Greifen, die Hüter der Göttin, zu jeder Seite des Thrones — ob eines Königs oder einer Königin, wissen wir nicht — gemalt. Die Mähnen der Greifen sind aus Papyrus-, Spiralornamenten und Rosetten gebildet. Ein Meeresmotiv, der Nautilus, ist auf einem anderen knossischen Wandgemälde nicht mit Seetang kompositorisch verbunden, sondern mit Schilfgras, während seine Fangarme einen merkwürdig gezackten Saum erhalten haben. In diese Periode gehören auch das Fresko der großen achtförmigen Schilde aus der oberen Säulenhalle, ebenso die Fragmente von Stierspielfresken im Westeingang, im Vorraum des Thronsaales und in der oberen Halle des Königs. Ein charakteristisches Merkmal dieser Epoche sind die gemalten Imitationen von geäderten Alabasterplatten.

In diese Zeit gehören die Mehrzahl der Gräber von Isopata, ein Teil der Gräber von Zapher Papura bei Knossos, ebenso die Gräber am Venizelos-Sanatorium und das Grab von Hagios Joannes, die Gräber des Hafens bei der Mündung des Kairatos (Katsambas) usw. Das königliche Tholosgrab von Isopata mit rechteckiger Grabkammer wurde vielleicht ein wenig früher erbaut, aber es war noch im Gebrauch. Üblich sind Kammergräber, in denen wir häufig auf hölzerne Larnakes treffen, die manchmal blau oder weiß bemalt sind. Weiterhin begegnen uns Schachtgräber, deren eigentliche Gruft in der Tiefe mit Steinplatten abgedeckt oder als seitliche Höhlung in den Stein gehauen ist. Häufig handelt es sich um Gräber von Kriegern, die man mit ihren Waffen bestattete, mit Schwertern, Lanzen, Speeren, kleinen Messern und Pfeilen. Eine neue kreuzförmige Schwertform mit waagerechten Fortsätzen auf beiden Seiten unterhalb des Heftes tritt in dieser Periode auf. Ein Bronzehelm mit Wangenklappen und einem Knopf obenauf für einen Pferdeschweif oder einen Helmbusch stammt aus einem Grab beim Sanatorium und ein anderer, ein Eberzahnhelm, der dem in der Ilias beschriebenen und den auf dem Festland gefundenen mykenischen Helmen gleicht, wurde in einem Grab in Zapher Papura bei Knossos gefunden. So geben uns auch die Gräber ein Bild der kriegerischen achäischen Bevölkerungsschicht, die seit 1450 v. Chr. in Knossos herrschte.

Die endgültige Zerstörung des Palastes von Knossos

Kurz nach 1400 v. Chr., während in der Keramik eine weiterentwickelte Form des Palaststils mit noch stärkerer Ornamentalisierung der Motive dominierte, ereignete sich die endgültige Katastrophe des Palastes von Knossos. Diese Katastrophe wurde früher einem Erdbeben zugeschrieben, ähnlich denen, die die vorhergehenden Zerstörungen verursacht hatten, oder einer Invasion der Achäer, die sich gegen die minoische Oberherrschaft auf dem griechischen Festland, die man damals noch postulierte, erhoben hätten. Man behauptete zur Stützung der zweiten Theorie, daß die Sage von Theseus, der den Minotauros getötet hat, die Überwindung der minoischen Macht durch die einst Unterworfenen symbolisiere. Die Entzifferung der knossischen Tontafeln erwies aber, daß die griechische Sprache in Knossos bereits gesprochen wurde und daß demnach ein achäisches Regime in Knossos herrschte, als der Palast zerstört wurde. Deshalb ist die These von der achäischen Invasion nicht mehr glaubwürdig, es sei denn, wir nähmen einen Zusammenstoß der Achäer des griechischen Festlandes und der minoisierten Achäer von Knossos an. Noch weniger wahrscheinlich ist die Ansicht, daß die endgültige Zerstörung des Palastes von Knossos auf einen Aufstand der minoischen Bevölkerung Kretas gegen die in Knossos residierenden achäischen Herrscher zurückzuführen ist. Denn, wenn wir annehmen, daß die anderen Paläste, die Städte und die kleineren Zentren der minoischen Kultur bereits früher zerstört worden sind, ist es zweifelhaft, daß um 1400 v. Chr. eine minoische Macht auf Kreta existierte, die Knossos hätte zerstören können.

Jedenfalls existierte nach der herrschenden Meinung in Knossos nach 1400 v. Chr. an der Stelle des alten Palastes kein Palast mehr. Eine entgegengesetzte Ansicht haben neuerdings Blegen und vor allem Palmer geäußert. Nach ihrer Theorie wurde der Palast nach der Zerstörung von 1400 v. Chr., die der Invasion der Achäer zuzuschreiben sei, wiederum als Sitz achäischer Herrscher benutzt. Seine endgültige Zerstörung müßte dann ungefähr 200 Jahre später datiert werden. Diese Ansicht gründet sich auf die völlige Gleichartigkeit der Linear B-Tontafeln, die in Knossos gefunden wurden, mit den Tafeln, die in dem um 1200 v. Chr. zerstörten mykenischen Palast von Pylos in der westlichen Peloponnes zutage kamen. Tatsächlich sind die Tafeln von Pylos und von Knossos gleichartig in ihrer Form, auch die Schrift auf ihnen und die sprachliche Form der Texte ist die gleiche. Diese Analogie zeigt nach Palmers Ansicht, daß die Tontafeln von Knossos ebenso wie die von Pylos in die spätmykenische Zeit gehören und daß der Palast von Knossos, in dessen letzte Tage sie gehören, demzufolge am Ende der mykenischen Epoche zerstört worden ist, und zwar durch den Einfall der Dorer.

Um seine These zu stützen, zog Palmer die Grabungsjournale von Knossos, die Mackenzie, ein Mitarbeiter von Evans führte, und die Notizbücher von Evans selbst heran. In ihnen und ebenso in den ersten von Evans veröffentlichten Ausgrabungsberichten von Knossos, aber auch in der endgültigen Veröffentlichung findet Palmer Hinweise auf Fundgruppen von Linear B-Täfelchen in Schichten der mykenischen Zeit. Er wies auch darauf hin, daß Evans selbst ursprünglich bestimmte Tafelgruppen in die mykenische Zeit datierte und daß auch nach dem Grabungsjournal SM III-Gefäße an verschiedenen Stellen auf den Fußböden des Palastes gefunden wurden. Damit suchte Palmer zu beweisen, daß das Gebäude während der ganzen Zeitspanne von 1400 bis ins 12. Jahrhundert v. Chr. weiter existierte. Diese These, die die wissenschaftliche Integrität und Glaubwürdigkeit von Evans in Frage stellt, rief heftige

Kontroversen hervor. Allerdings kann man schwerlich innerhalb der sich ständig entwickelnden kreto-mykenischen Kultur ein Stagnieren der Schrift und der Sprache während eines so langen Zeitraumes annehmen. Eine Herabdatierung der Katastrophe von Knossos und eine entsprechende Heraufdatierung der Zerstörung von Pylos, die den zeitlichen Abstand der beiden Tontafelgruppen verringern würde, könnte vielleicht die Ähnlichkeit zwischen ihnen eher erklären.

4. Kapitel
DIE NACHPALASTZEIT ODER MYKENISCHE ZEIT

Die achäische Besiedlung

Die Zerstörung des Palastes von Knossos unterbrach die kulturelle Entwicklung nicht. Allerdings nahm die kulturelle Ausstrahlung der Insel nach 1400 v. Chr. ab. Das Zentrum der kreto-mykenischen Kultur befand sich nicht mehr auf der Insel selbst, sondern auf dem griechischen Festland, hauptsächlich auf der Peloponnes. Dort wuchsen die befestigten Akropolen von Mykene und Tiryns mit ihren kyklopischen Mauern, mit ihren Toren und ihren Palästen in die Höhe, dort wurden auch großartige Tholosgräber für ihre Könige errichtet. Entsprechende Paläste gab es in Pylos, Theben, Gla am Kopaissee und sicher auch in Kalydon, Iolkos und Sparta. Siedlungen, befestigte Akropolen und Gräber wurden auch in Midea und Asine in der Argolis und an anderen Stellen gefunden. Die Wandmalerei, die Elfenbeinschnitzerei, die Kunst der Steinreliefs an Architekturteilen, die Einlegearbeit an Metallbechern und Dolchen, Künste, die alle kretischen Ursprungs sind, waren in neopalatialer Zeit auf das griechische Festland gelangt und wurden dort weiterhin ausgeübt, während solche Kunstwerke auf Kreta jetzt nur noch selten anzutreffen waren. Könige gab es allerdings mit Sicherheit auf der Insel. Das geht schon aus der Teilnahme einer bedeutenden kretischen Schiffsmacht unter Idomeneus, dem König von Knossos, am Trojanischen Kriege hervor. Als oberster aller achäischen Könige galt jedoch der König des goldreichen Mykene. An die Stelle der minoischen Kolonien im Bereich der Ägäis traten mykenische Kolonien.

Einen Palast aus dieser Zeit hat man in Knossos bisher noch nicht entdeckt. Sicher wurde der Regierungssitz des mykenischen Herrschers von Kreta aus dem zerstörten Palast an eine benachbarte Stelle verlegt. Den Platz des alten zerstörten minoischen Gebäudes nahmen Privatleute in Besitz, die einige Teile säuberten, provisorisch ausbesserten und gelegentlich die ursprüngliche Raumaufteilung durch die Errichtung neuer Mauern veränderten. Es war die Zeit der „Reokkupation", wie Evans sie benannte. Die Südpropyläen wandelte man in ein Magazin für Pithoi um, auch die Räume südlich davon wurden wieder bewohnt. Ebenso richtete man sich in der Passage des Nordeinganges und westlich von ihm in den Magazinen, in dem „Zollgebäude" und rings um den sog. „Schulraum" wieder ein. Südlich des Lichthofes am Gemach der Königin wurde ein Töpferofen errichtet. Aus der Reokkupationszeit stammt auch das kleine Heiligtum der Doppeläxte. Generell erscheint diese Neubesiedlung ziemlich dürftig, sie trägt durchaus keinen königlichen Charakter, war aber auch wiederum nicht so unbedeutend, wie Evans annahm. Ein ähnliches Schicksal hatte der kleine Palast von Knossos. Kultkapellen wurden auch hier in den Trümmern älterer Kulträume eingerichtet.

Ein Megaron mykenischen Typs wurde bisher in Knossos nicht gefunden. Es existiert aber ein großes Gebäude dieses Typs in Hagia Triada, das in späterer postpalatialer Zeit auf den Trümmern einer minoischen Villa erbaut wurde. Aus derselben Zeit stammen der „Markt", d. h. eine Reihe von Magazinen mit einer Stoa davor, ebenso Teile der dortigen Siedlung und ein

Kultraum. Reste eines mykenischen Megarons stellte N. Platon in Tylissos fest.

In die Zeit fast unmittelbar nach der Zerstörung der Paläste gehört die Siedlung von Chondros Viannu. Sorgfältig gebaute Häuser aus der frühesten postpalatialen Periode existieren in Palaikastro, Zakros und Gurnia. Ein Haus in Poros bei Herakleion aus derselben Zeit mit einem kleinen Kultraum und einem Bad sowie Keramik aus dem gleichen Gebiet zeigen, daß die Hafenstadt von Knossos weiter existierte und auswärtige Beziehungen mit Zypern unterhielt. Aber auch in den Städten von Knossos und Phaistos herrschte noch ein ziemlich reges Leben.

Die achäische Besiedlung Kretas während der postpalatialen Periode wird auch durch die mykenischen Sagen bestätigt, die sich in der griechischen Mythologie erhalten haben. So gründete nach der mythologischen Überlieferung Agamemnon mehrere Städte auf der Insel (Pergamos, Lappa und Tegea). Achäer nahmen an der Gründung von Polyrrheneia teil. Ebenso wird die Aussendung von Siedlern aus Mykene und Messene erwähnt. Die Übertragung peloponnesischer Ortsnamen wie Gortys, Arkadia usw. nach Kreta hängt sehr wahrscheinlich ebenfalls mit der Ansiedlung der Achäer auf der Insel zusammen. Aus der Vermischung der neu ankommenden Achäer mit der vorgriechischen eteokretischen (d. h. echt kretischen) Bevölkerung und vielleicht auch noch mit anderen Völkergruppen entstand die Bevölkerung Kretas in der mykenischen Epoche, in der man auf dieser Insel nach der Beschreibung Homers verschiedene Sprachen sprach. Homer erwähnt unter den damaligen Bewohnern Kretas auch die Pelasger und die Kydonen; die letzten werden von den einen als vorgriechischer, von anderen wahrscheinlich richtiger als griechischer Volksstamm angesehen, der sich in mykenischer Zeit in Kreta ansiedelte.

Von den kretischen Städten, die sich am Trojanischen Krieg beteiligten, erwähnt Homer außer Knossos noch Gortys, Lyktos, Miletos, Lykastos (vielleicht an der Stelle von Vitsiles bei Kanli Kastelli gelegen), Phaistos und Rhytion (Rotasi). Wahrscheinlich gingen aber die überseeischen Unternehmungen der Achäer Kretas manchmal auch in andere Richtungen. Um 1200 v. Chr. werden Einfälle von „Seevölkern" in Ägypten erwähnt. Die einschlägigen ägyptischen Texte zählen zu ihnen die Pulesata, die Zakaru und die Akaivasa. Die Pulesata identifiziert man gewöhnlich mit den Philistern, die nach dem Alten Testament aus Kaphtor, was sehr wahrscheinlich Kreta bedeutet, nach Palästina gekommen waren. Die Zakaru hängen vielleicht mit Zakros, das in mykenischer Zeit wieder besiedelt wurde, und die Akaivasa mit den Achäern zusammen.

Als Ergebnis der achäischen Besiedlung Kretas und der Verstärkung des Verkehrs mit der Peloponnes wurden anscheinend günstigere Bedingungen für die Entwicklung Westkretas und besonders des äußersten Westens geschaffen, wo heute Chania liegt. Einige der zuvor erwähnten achäischen Ansiedlungen wie Pergamos und Polyrrheneia befanden sich in dieser Gegend. Die Überreste der mykenischen Epoche, Siedlungen wie die bei Kolymbari und Stylos, Gräber usw. sind im Westen Kretas ziemlich zahlreich; Styrenius und Tzedakis fanden kürzlich eine wichtige mykenische Anlage im Kastelliviertel von Chania, dem alten Kydonia.

Gräber

Am Anfang der postpalatialen Periode setzten sich die senkrechten Schachtgräber und die mit seitlicher Grabkammer in Zapher Papura, der Nekropole von Knossos, fort. Es existieren aber auch Grabbauten. In Damania wurde ein Grab mit einer von einem Krag-

Inneres einer Grabkammer in Pachyammos, mit einem Tonsarkophag, einem Opfertisch und einer Büchse mit dem Schmuck des Toten. Die Knochenreste liegen in einer kleinen Vertiefung unter dem Opfertisch.

gewölbe überdeckten viereckigen Kammer gefunden und ein weiteres in Maleme. Runde Kuppelgräber haben wir in Archanes, in Hagioi Theodoroi (Bezirk Hierapetra), in Achladia und Sphakia im Bezirk Seteia, in Apodulu und in Stylos in Westkreta. Weit verbreitet sind in dieser Epoche die Felskammergräber. Häufig enthalten diese Gräber Tonlarnakes zweierlei Typs: Die einen haben die Form unserer heutigen Badewannen, die anderen sind rechteckige Kästen. Sie besitzen Füße und einen Deckel, der einem Giebeldach ähnelt. In der Gegend von Chania sind Larnakes selten. Vereinzelte Beispiele für Feuerbestattung, wie in Muliana, Photula bei Seteia sowie in Kritsa und Tylissos treten gegen Ende der Mykenischen Zeit auf.

Wandmalereien und Keramik

Von den Wandmalereien können nur wenige mit Sicherheit in diese Periode datiert werden, wie der Stuckfußboden mit gemalten Darstellungen von Oktopoden und Delphinen in dem mykenischen Heiligtum von Hagia Triada.

Die erste Epoche der postpalatialen Keramik (SM IIIA, 1400-1300 v. Chr.) setzt noch die Traditionen des Palaststiles fort. Wir kennen diese Zeit von einer Gefäßgruppe aus dem Tempelgrab von Knossos, von Gefäßen aus Sellopulo, von dem Gypsadeshügel und aus Kalyvia, ebenso aus Kamilari, Palaikastro und Gurnia. Es begegnen uns dreihenklige Amphoren, Bügelkannen, Alabastren, Kannen mit runder Mündung, Flaschen, Pyxiden, Becher, Räuchergeräte mit durchlöchertem Deckel und Kratere. Die Dekormotive der vorhergehenden Periode wurden noch stärker schematisiert. Die Fangarme der Oktopoden, manchmal sechs oder sogar vier anstatt acht, sind übermäßig in die Länge gezogen, die Papyrusstauden degenerieren noch mehr. Vögel, gewöhnlich Wasservögel mit langem Schnabel, die zum ersten Mal in der Zeit des Palaststils auftraten, werden jetzt als dekoratives Motiv immer üblicher, ebenso Fische. Ein typisches Merkmal der Technik in Ostkreta ist ein weißer Überzug auf der Oberfläche des Gefäßes, der als Untergrund für den Dekor dient.

Die Entwicklung zum Ornamentalen und die Verarmung der Dekormotive hielten in der nächsten Zeit, d. h. im 13. Jh. v. Chr. (SM III B) an und verstärkten sich noch. Von der Technik her gesehen ist die Keramik hervorragend, der Brand gut, die rotbraune Farbe lebendig und glänzend. Es ist die Zeit der „Mykenischen

Koine", die in der Keramik von bemerkenswerter Gleichförmigkeit im gesamten Ausstrahlungsbereich der mykenischen Kultur verbreitet ist. Wir kennen diese Phase von den Bügelkannen in Knossos und von den Gefäßen des Heiligtums der Doppeläxte, ebenso von Gefäßen aus Milatos, Palaikastro, von der Abfallgrube in Poros usw. Die Oktopoden sind jetzt zu einfachen Wellenlinien geworden, die das Gefäß umgeben. Es begegnen uns Becher mit einem Henkel und niedrigem Fuß, kleine Bügelkannen, von denen nur der obere Teil mit Dekor versehen ist, große plumpe Amphoren usw. Die Sarkophage dieser Epoche aus Gurnia, Palaikastro, Episkope, Armeni (Bezirk Rethymnon) usw. sind mit Darstellungen von Stieren und seltener mit Darstellungen von Jagdszenen und Wagenrennen geschmückt; ebenso finden sich kultische Motive wie Doppeläxte, Hörnerpaare und Greife.

Im letzten Abschnitt der postpalatialen Periode (SM III C, 1200-1100 v. Chr.) tritt der „Granary Style" auf; er wird benannt nach Gefäßen, die in einem Gebäude auf der Akropolis von Mykene gefunden worden sind, und ist charakterisiert durch einen sehr sparsamen Dekor horizontaler Bänder. Gleichzeitig mit ihm ist der „Dichte Stil" (Close Style), in dem die Motive von zahlreichen Strichbändern und mehrfachen Einfassungen umgeben sind. Diese übertriebene Entfaltung des Ornamentalen nimmt den Motiven jede Körperhaftigkeit. Auf einem Gefäß aus der Diktäischen Grotte ist der Oktopus kaum zu erkennen; denn er besitzt nicht weniger als zwölf Fangarme.

Plastik

Dieselben Tendenzen kann man auch in der Plastik beobachten: Man strebte anfangs bewußt nach der Verformung des Natürlichen. Die Gesichtszüge und die einzelnen Gliedmaßen der Körper werden betont und nehmen übermäßig große Proportionen an. Daß diese Entwicklung eine Reaktion auf einen übertriebenen Naturalismus war, zeigt sich daran, daß sie schon vor dem Ende der neopalatialen Periode eingesetzt hatte. Die Haltung der kleinen Ton- und Bronzeidole wirkt starr, steif und ohne Dynamik im Gegensatz zu der lebensvollen Haltung und der kühnen Bewegtheit der Idole aus der vorhergehenden Periode. Zu den frühesten Beispielen gehören die Göttin mit dem kleinen Kind aus Mavro Spelio, die Gruppe der Tänzerinnen aus Palaikastro sowie die Statuetten einer Göttin und ihrer Adoranten aus dem Heiligtum der Doppeläxte. Später traten zum ersten Mal große tönerne Kultstatuen einer weiblichen Göttin in den Heiligtümern von Gazi, Gurnia, Gortys und Pankalochori auf. Die schematisierenden Tendenzen dieser Phase zeigen sich in der Reduktion des Rockes zu einem starren Zylinder und in der stereotypen, hieratischen Gebärde der erhobenen Arme. In der nächsten Entwicklungsstufe — so bei den Idolen aus der Endphase der minoischen Zeit aus Karphi — ist der Hals ungeheuerlich verlängert, die Gesichter sind häßlich, haben lange Nasen und große Kinnladen, und die gesondert geformten Füße schauen aus Öffnungen des zylindrischen Rockes hervor. Zweifellos handelt es sich um ein Stadium des Verfalls. Steinmodeln aus Seteia wurden zur Herstellung von Statuetten dieses Typs benutzt. Aus Karphi stammt auch ein Rhyton in Form eines Wagens, der die abstrahierenden Tendenzen dieser Epoche zeigt. Die Rinder, die den Wagen ziehen, haben weder Rumpf noch Beine; ihre Köpfe sind direkt am Wagen befestigt. Die kleinen Tonfiguren aus Hagia Triada, Patsos und anderen Stätten zeigen die Rückkehr zur Unförmigkeit und Unproportioniertheit der Plastik der frühen protopalatialen Periode; die Augen werden mit Tonkügelchen angedeutet, die Köpfe sind nach oben gerichtet und zugleich nach hinten geneigt, die Schultern zuweilen sehr breit. Aus Hagia Triada stammt die Mehrzahl der Stieridole, die dieselbe Starrheit wie die menschlichen Idole zeigen. Es begegnen uns auch Sphinxdarstellungen und Zentauren. Zu einer Gruppe mykenischer Idole, die auf dem griechischen Festland allgemein verbreitet, aber in Kreta selten ist, gehören die sog. „Flügelidole". Bei ihnen sind die erhobenen Arme schematisiert und erhalten so die Gestalt von Flügeln. Solche Idole wurden in Phaistos, Gortys, Tylissos und am Golf von Mirabello gefunden. Bedeutende Elfenbeinschnitzereien, die Köpfe von Kriegern, Tiere und stilisierte Bäume darstellen, fand Sakellarakis im Friedhof von Phurni bei Archanes.

Metallbearbeitung und Siegel

Aus einem Grab von Zapher Papura und aus Archanes kennen wir verschiedene Bronzegeräte dieser Epoche. Von denselben Gräbern und von Gräbern in Palaikastro, Sklavi und Muliana stammen auch Schwerter, von denen einige zu einem neuen Typ gehören. Sie besitzen nicht mehr mit hornartigen Fortsätzen versehene sondern nach unten abfallende Schultern. Lanzen sind selten. Es begegnen uns ebenfalls Rasiermesser mit einfacher Klinge und rechteckigem Umriß oder zweischneidige von blattförmiger Gestalt.

In der Schmuckherstellung treffen wir auf Halsbänder aus Goldblechgliedern, die die Form von Nautili oder Rosetten haben, auf Fingerringe aus einem Bronzekern mit Goldauflage, auf Halsbänder aus Glasfluß- und Karneolperlen. Schmuckstücke dieser Art wurden in Gräbern in Zapher Papura, Archanes, Phaistos usw. gefunden. Es existieren aber auch andere vorzügliche Stücke wie der granulierte Goldring aus Photula (Bezirk Seteia) und Ohrringe in der Form eines Stierkopfes aus

Mavro Spelio (Bezirk Knossos). Eine einfache goldene Maske ohne Gesichtszüge fand man in einem Grab von Muliana.

Selten begegnen uns in der postpalatialen Periode Steingefäße und Lampen von guter Qualität. Einige davon wurden anscheinend als Erbstücke aus den vorhergehenden Epochen aufbewahrt.

Während der postpalatialen Zeit verlor die Siegelglyptik ihre schöpferische Kraft, sie wiederholte die überlieferten Formen und ging so ihrem Verfall entgegen. In der ersten Phase fertigte man noch Siegel aus harten Halbedelsteinen mit interessanten Darstellungen an. Es wurden wie in der vorhergehenden Epoche Löwen, die Stiere anfallen, Wildziegen, Kultszenen und Gottheiten abgebildet. Charakteristisch ist das Auftreten von Wasservögeln und stilisierten Papyrusstauden, die an die Motive der gleichzeitigen Vasenmalerei erinnern. Dasselbe gilt für einige Wagendarstellungen, die unter Weglassung der nebensächlichen Elemente nur andeutungsweise ausgeführt sind. Die Formen der Siegelsteine sind gewöhnlich Lentoide und Amygdaloide. Es zeigt sich deutlich, daß der Künstler das Material nicht mehr beherrscht. Die Gravur ist nachlässig, die Wiedergabe der Motive nicht sorgfältig. Die Gliedmaßen der Gestalten scheinen sich vom Körper gelöst zu haben. Die langen Hälse, die starre, eckige Haltung erinnern an die Plastik derselben Zeit. Ebenso kommen die linienförmigen Motive wieder in Gebrauch. Wie die anderen Zweige der minoischen Kultur, so geht auch die Siegelglyptik ihrem Verfall entgegen.

Das Ende

Nach der Mitte des 13. Jh. v. Chr. verursachten — so die wissenschaftliche Theorie, die die größte Wahrscheinlichkeit für sich hat — neue Völkerwanderungen, die von Zentraleuropa ihren Ausgang nahmen, eine Einwanderungswelle auf das griechische Festland. Als Folge davon wurden viele Zentren der mykenischen Kultur zerstört, so Pylos, die Unterstadt von Mykene, die Siedlungen von Zyguries und das argivische Heraion. Aber die endgültige Katastrophe trat erst um 1150 v. Chr. ein, als die nordwestgriechischen Stämme, die außerhalb des Einflußbereiches der kreto-mykenischen Kultur geblieben waren, die Dorer, Ätoler, Phoker und Lokrer nach Süden wanderten und die achäischen Stämme vertrieben. Diese siedelten sich als Ionier und Äoler auf den Inseln des Ägäischen Meeres und an den Küsten Kleinasiens an. Die mykenischen Akropolen von Mykene und Tiryns wurden jetzt endgültig überwältigt. Nur in Arkadien hielt sich die alte Bevölkerung. Ein Echo dieser dorischen Wanderung ist der Mythos von der „Rückkehr der Herakliden", den die antiken griechischen Schriftsteller überliefern. Bald darauf drangen die dorischen Stämme, die die Peloponnes besetzt hatten, auch in Kreta ein und machten der alten, nun aber überlebten Kultur endgültig ein Ende.

Die minoische und achäische Bevölkerung Kretas wurde nicht völlig ausgerottet, sondern vermischte sich mit den Einwanderern und wurde nach und nach sprachlich von den stärkeren und politisch herrschenden griechisch-dorischen Stämmen assimiliert. Nur ein Teil des alten eteokretischen Elementes bewahrte längere Zeit seine Sprache. Das war hauptsächlich der Fall in Ostkreta, in der Umgebung von Praisos, wo wir Inschriften finden, die in einer unverständlichen vorgriechischen Sprache mit den Buchstaben des griechischen Alphabets geschrieben sind, und zwar nicht nur in archaischer Zeit (6. Jh. v. Chr.), sondern sogar noch im 4. und 3. Jh. v. Chr. Andere Gruppen der alten Bevölkerung flüchteten sich auf steile Höhen, z. B. nach Karphi im Lasithibezirk, wo sie ihre degenerierte Kultur weiter-

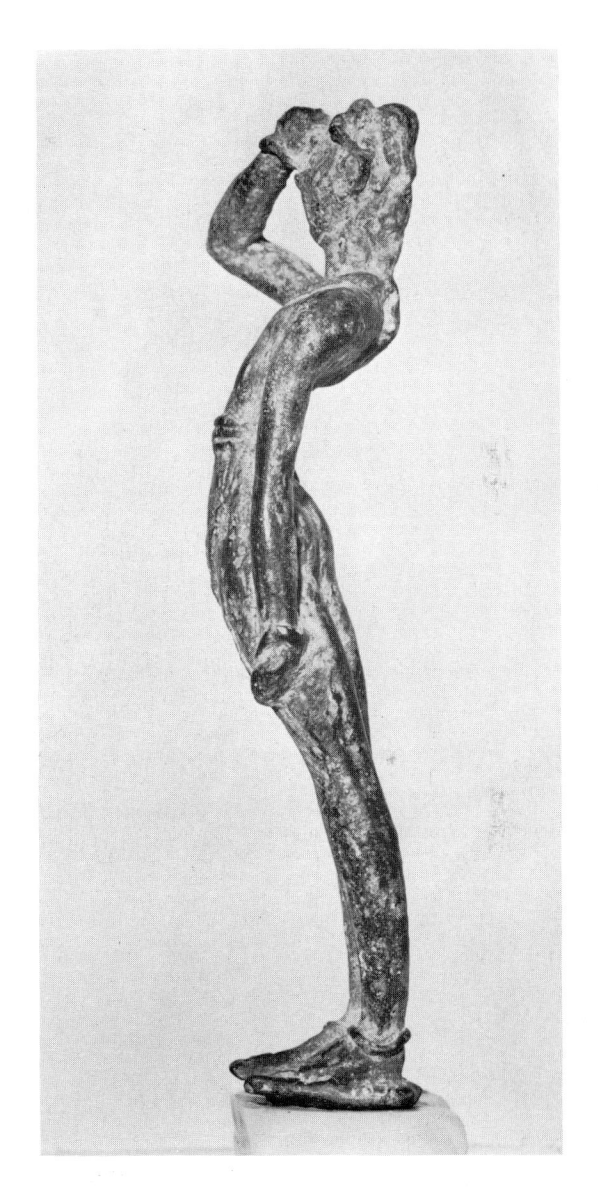

11. Bronzefigur aus Tylissos

12. Die Schlangengöttin aus Knossos

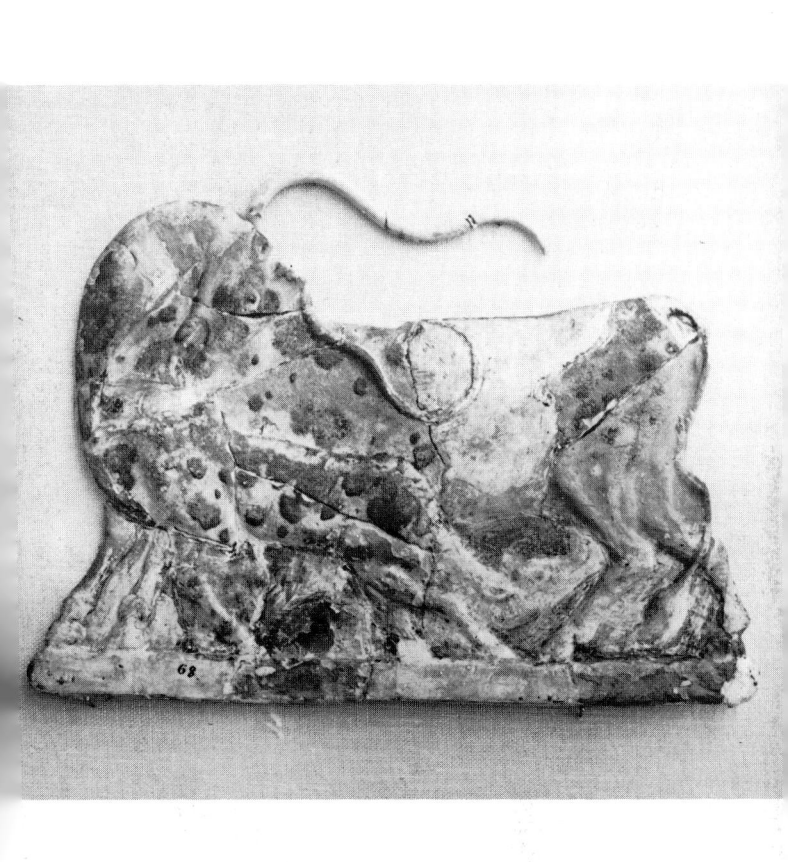

13. Kuh, die ihr Junges säugt. Knossos

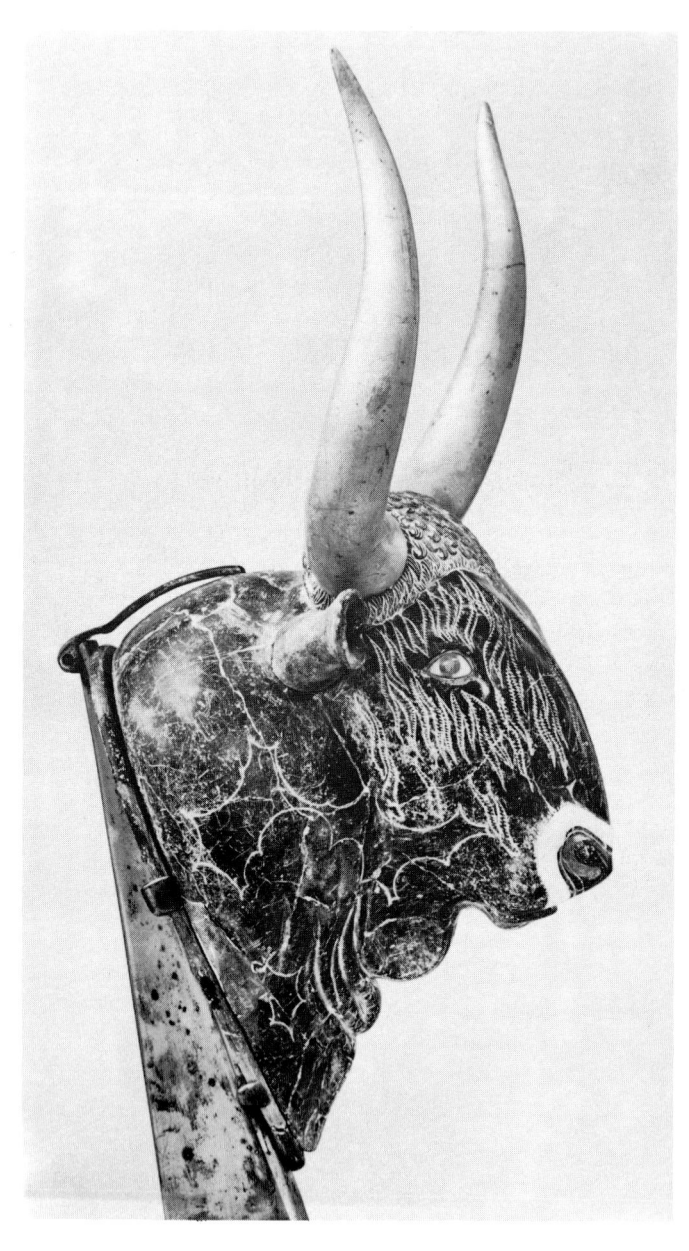

14. Stierkopf aus Knossos

pflegten. Wir nennen diese Phase subminoisch oder protogeometrisch. Es existieren kleine rechteckige und runde Kuppelgräber in Karphi, Kavusi, Vrokastro, Erganos, Phrati, Kurtes usw. In der Keramik leben die minoischen Formen, nämlich Bügelkannen, kleine und große Kratere, Kannen und Becher, und die minoischen Dekormotive in dürftiger und entarteter Gestalt weiter. Technisch gesehen, ist die Keramik von schlechter Qualität. Schließlich beschränkte sich der Dekor auf Dreiecke, Halbkreise und Bänder. Der Gebrauch der Fibel oder Sicherheitsnadel verbreitete sich jetzt und zeigt eine Änderung der Kleidung an. Ebenso kam jetzt das Eisen allgemein in Gebrauch. Die Leichenverbrennung wurde üblich.

Diese traurige Verfallszeit macht den Eindruck einer dunklen und fast barbarischen Epoche ohne künstlerische Intentionen. Das Leben erscheint kümmerlich inmitten von Kämpfen um die Vorherrschaft. Gleichzeitig bereitete sich jedoch allmählich, aber stetig die strenge kriegerische Lebensform der dorischen Polis und eine neue künstlerische Blütezeit vor. Und mitten durch all diese eine neue Welt schaffenden Wandlungen hindurch begleitete die Insel der immerwährende Glanz der alten ruhmreichen Tage, die Kunde einer langen Epoche des Friedens, der Weisheit und des Reichtums, einer Epoche, in der Minos als König geherrscht hat.

5. KAPITEL
DIE MINOISCHE RELIGION

Der „Vegetationszyklus" und die Gottheiten

Offensichtlich war der „Vegetationszyklus", der einen gemeinsamen Bestandteil früher Kulte bildet, die Grundlage der minoischen Religion. Die Technik hat den modernen Menschen der Natur entfremdet, und der Kreislauf der Jahreszeiten berührt den Städter kaum. Fast niemand bemerkt oder beachtet Saat und Ernte. Für den Menschen der Frühzeit lagen die Dinge grundsätzlich anders. Die Abfolge der Jahreszeiten und das geheimnisvolle Phänomen des Wachsens und Vergehens der Pflanzen bewegten ihn zutiefst; denn damit war

Siegel aus Kydonia. Der Junge Gott bändigt zwei Löwen

Siegelabdruck aus Hagia Triada. Der Junge Gott mit einem Löwen

seine Existenz unmittelbar verknüpft. Mit Bangen verfolgte er das jährliche Sterben der Natur, ängstlich fragend, ob die Bäume je wieder Früchte tragen würden, ob im kommenden Frühling die in die Erde gelegte Saat aufgehen würde. Die unverhoffte Wiederkehr erfüllte ihn mit unsäglicher Freude. Vereinfachend können wir sagen, daß der Wechsel dieser Empfindungen zur Personifikation der Vegetation als göttliches Kind oder jugendlicher Gott führte, der jedes Jahr stirbt und wieder aufersteht. Die schöpferische Kraft der Natur nahm andererseits die Züge einer „Großen Mutter" an, die nicht nur als *Kurotrophos* — eine Mutter, die ein Kind in ihren Armen hält — sondern auch als Gemahlin des Jungen Gottes erscheint. Die heilige Hochzeit, die Vereinigung der Göttin mit dem Gott, der gewöhnlich kurz nach seiner Hochzeit stirbt, symbolisiert die Befruchtung der Erde.

Siegelabdruck aus Knossos mit der Darstellung des Jungen Gottes

Entsprechende Paare gibt es unter verschiedenen Namen in den orientalischen Religionen. In Kleinasien wurden Kybele und Attis verehrt; in Syrien Anat und Baal; in Ägypten Isis und Osiris; in Babylonien Ištar und Tammuz; in Sumer Dumuzi und Inanna. Aphrodite und Adonis, Demeter und Iasion sind andere vergleichbare Paare.

Wahrscheinlich trugen zur Ausbildung dieser Kulte magische Hochzeitszeremonien bei, die feierlich begangen wurden, um — wie man glaubte — Fruchtbarkeit und gute Ernte zu bewirken. So vollzog man in Babylon zur Feier des Neujahrsfestes die Hochzeit des Königs mit einer Priesterin. Noch heute gibt es in bestimmten Gegenden Griechenlands ähnliche Brautraub- und Hochzeitszeremonien und ebenso Tod- und Auferstehungsriten.

Aber der Junge Gott ist nicht die einzige sterbliche Gottheit der vorgriechischen Religion. Es scheint, daß die Vorgriechen auch an den Tod und die Wiedergeburt einer jungen Vegetationsgöttin glaubten. Die Göttinnen von Eleusis, die göttliche Mutter und die göttliche Tochter, haben also wahrscheinlich ihre Wurzeln im vorgriechischen Kult, wie die Verbindung ihres Mythos mit dem Anbau der Feldfrüchte beweist, der sicher in Griechenland lange vor der Ankunft der griechischen Stämme eingeführt wurde. Bezeichnend für diesen Glauben ist die Elfenbeingruppe aus Mykene, die zwei Göttinnen mit einem Göttlichen Kind darstellt.

Siegel aus Knossos mit der Darstellung einer Göttin auf der Bergspitze

Die vorgriechische Religion lebte in mannigfaltiger Form in der achäischen und in der klassischen griechischen Zeit weiter. Dieser Tatsache verdanken wir auch die Erhaltung vieler vorgriechischer Götternamen, die von den griechischen und lateinischen Schriftstellern erwähnt werden oder uns in griechischen Inschriften begegnen. So sind uns Diktynna und Britomartis bekannt. Der Name Diktynna deutet mit Sicherheit auf eine Göttin hin, die mit dem Berge Dikte verbunden ist, während Britomartis wahrscheinlich ein Epitheton der Jungen Göttin ist und „Süße Jungfrau" bedeutet. Vorgriechische Bezeichnungen des männlichen sterbenden Gottes sind Velchanos und Hyakinthos. Ariadne, deren Name indogermanisch gedeutet wurde, ist dennoch eine vorgriechische Vegetationsgöttin, die alljährlich stirbt.

Mannigfaltig sind die Gestalten, in denen die vorgriechische weibliche Göttin erscheint, und es bestehen Zweifel, ob diese Gestalten verschiedene Göttinnen oder unterschiedliche Erscheinungsformen e i n e r Göttin darstellen. Aber wahrscheinlich wurde diese Unterscheidung von den Gläubigen der vorgriechischen Zeit nicht scharf vollzogen, so daß man vergeblich eine logische Ordnung in einem Bereich des Seelischen fordern würde, in dem Gefühl und Intuition maßgebend waren. Die Göttin wird auf einem Berggipfel zwischen Löwen als „Bergmutter" und „Herrin der Tiere" dargestellt, sonst aber auch als Göttin des heiligen Baumes oder als Schlangengöttin, ebenfalls als Taubengöttin oder als Göttin der Mohnblumen. Daneben gibt es kriegerische Darstellungen der Gottheit mit Schild und Schwert. Zuweilen wird sie auch als Meeresgöttin abgebildet, die auf ihrem Schiffe fährt. Dann wieder erscheint sie als Muttergottheit und als Kurotrophos, die auf ihrem Arm den Jungen Gott trägt. Man hat diese Darstellungen verschieden gedeutet. Die Schlangen wurden als Symbol der chthonischen Erscheinungsform der Göttin angesehen; die Tau-

*Siegelabdruck aus Knossos mit der Darstellung der
Großen Göttin*

ben deutete man als Symbol einer Himmelsgöttin und die Mohnblumen oder präziser die Samenkapseln des „schlafbringenden Mohns" als Symbol einer Muttergöttin, die die kleinen Kinder einschläfert. Viele dieser Symbole begleiteten später Göttinnen der klassischen griechischen Zeit. So übernahm Athene die Schlangen und den Ölbaum ebenso wie die kriegerischen Eigenschaften ihrer Vorgängerinnen und Eileithyia die Verantwortung für die Gebärenden. Artemis erbte die wilden Tiere, Aphrodite die Tauben und Demeter den Mohn. Die Löwen der minoischen Göttin finden sich wieder in den kleinasiatischen Kulten der Kybele. Generell ist die Beziehung der minoischen Göttin zu den machtvollen weiblichen Gottheiten Kleinasiens eng, zweifellos auf Grund der rassischen Verwandtschaft der minoischen und der kleinasiatischen Völker. Wir kennen aus späterer Zeit Kybele oder Kybebe in Phrygien, die Idäische Mutter, Ma, die Mutter von Attis, und die Ephesische Artemis. Aber bereits in viel älteren Zeiten begegnen uns ähnliche Kulte. So wurde in der Stadt

Arinna schon während der ersten hethitischen Periode eine mächtige Sonnen- und Kriegsgöttin mit Löwe, Panther und Taube als Symbolen verehrt.

Der Junge Gott des minoischen Kreta wird als Bändiger wilder Tiere abgebildet oder bewaffnet mit Bogen oder Lanze und Schild und mit einem Löwen an seiner Seite. Ein andermal befinden sich eine geflügelte Wildziege und ein Dämon, der ein Spendegefäß trägt, oder ein Greif in Begleitung des Gottes.

Siegel aus Kydonia. Der Junge Gott steht zwischen einer geflügelten Wildziege und einem Dämon

Zeus, Poseidon und Apollon, die mächtigen männlichen Götter des griechischen Olymp, scheinen dem kleinen Pantheon der minoischen Religion, in dem die weiblichen Gottheiten herrschten, fremd zu sein. Aber in gewissen Fällen erfuhren sogar diese männlichen indoeuropäischen Gestalten eine Angleichung an die vorgriechischen Götter. So wurde Zeus auf Kreta mit dem

Jungen Gott identifiziert, wurde *Kuros,* d. h. Knabe, und „Zeus-Velchanos" genannt, und man glaubte von ihm, daß er alljährlich geboren werde und sterbe. Andere göttliche Kinder, die auf vorgriechische Kulte zurückgehen, sind Linos, Plutos oder Erichthonios und Dionysos.

Auf den Linear B-Tontäfelchen aus Knossos und Pylos findet man das Pantheon der klassischen Zeit hinreichend entwickelt. So erkennt man auf ihnen die Namen Hera, Athene, Zeus und Poseidon sowie andere noch nicht restlos sichere Namen. Dieses Phänomen findet seine Erklärung, wenn wir annehmen, daß die Achäer schon vor 1400 v. Chr. aus einem Synkretismus ihrer eigenen Götter mit den Gestalten der vorgriechischen Gottheiten eine Form des Polytheismus ausgebildet hatten, den sie nach Kreta einführten.

Goldring aus Mykene. Eine männliche Figur steht zwischen einer Wildziege und dem umschlossenen Heiligen Baum

Außer den göttlichen Gestalten erscheinen auf den Darstellungen von Kultszenen Affen und verschiedene Phantasiewesen, manchmal mit menschlichem Körper und einem Tierkopf, bei denen es sich zweifellos um Vegetationsdämonen handelt. Der Ursprung dieser Wesen ist vielleicht in magischen Riten zu finden, an denen Menschen teilnahmen, die Tiermasken trugen. Diese

Dämonen werden als Diener des Jungen Gottes abgebildet und als Kultgehilfen; sie tragen Gefäße, mit denen sie heiligen Zweigen oder einer Göttin, die auf einem Thron sitzt, Trankopfer darbringen.

Von den Idolen, die uns in minoischer Zeit begegnen, machen nur wenige den Eindruck, daß sie Gegenstände kultischer Verehrung waren. Götterbilder größeren Maßstabes, wie z. B. die ägyptischen, waren in Kreta nicht üblich, obwohl wir Indizien dafür besitzen, daß ein großes Holzstandbild im Heiligtum des Ostflügels des Palastes von Knossos stand und obwohl aus Petsopha Fragmente von großen Idolen, wahrscheinlich von Kultstatuen, existieren. Natürlich konnten auch kleine Idole, wie z. B. die Schlangengöttinnen, Gegenstand kultischer Verehrung sein; wahrscheinlich glaubte man aber, daß auch menschliche Wesen vorübergehend oder dauernd das Göttliche verkörpern könnten. Daher übernehmen Mitglieder der königlichen Familie und der Priesterschaft bei rituellen Feiern die Rolle der Gottheit. So könnte man die Darstellungen auf Wandmalereien und Siegelringen erklären, auf denen menschliche Gestalten Becher von Adoranten in Empfang nehmen. Kleine Nachbildungen von Kleidungsstücken als Weihgaben zeigen, daß auch Kleidung der menschlichen Inkarnation der Gottheit dargebracht wurde. Der Alabasterthron von Knossos war nach Ansicht von Helga Reusch für die Priesterkönigin bestimmt. Flankiert von den an die Wand gemalten Greifen stellte sie die Göttin dar. Der Thron, der in der Königlichen Villa an einem besonderen Platz aufgestellt ist, zeigt ebenfalls, daß hier eine wirkliche Person saß, um kultische Verehrung zu empfangen. Nach Matz war die Königin, wenn sie von den Stufen des Palastes in den Hof mit den Heiligtümern herabsteigend vor die ekstatische Menge der Adoranten trat, eine wirkliche Epiphanie der Gottheit. Bei religiösen Festen wurde die Königin oder Priesterprinzessin auf einem Tragsessel oder einem Palankin herumgetragen. Wir schließen das aus einer kleinen Tonnachbildung einer solchen Sänfte, die zusammen mit Nachbildungen von Altären und anderen heiligen Gegenständen in einem Heiligtum dargebracht worden ist.

Siegel aus der Diktäischen Höhle. Eine Göttin steht zwischen zwei Greifen

Überhaupt haben die Epiphanien, vielleicht in Verbindung mit kultischen, ekstatischen Tänzen der Priester, für die minoische Religion besondere Bedeutung. Bestimmte Darstellungen, auf denen ferne oder in der Höhe schwebende Gestalten mit wehendem Haar vom Himmel herabzukommen scheinen, zeigen uns eine vom Gläubigen erlebte Epiphanie der Gottheit. Ein andermal sieht man die Göttin sitzend neben ihrem Heiligtum oder ihrem Altar. Aber auch als Vogel kann die Gottheit erscheinen, wie wir von Homer wissen. Speziell waren die in den Heiligtümern nistenden Tauben mit der Gottheit verbunden. Sie kann außerdem die Gestalt verschiedener heiliger Tiere, z. B. eines Stiers oder einer Kuh, einer Wildziege oder einer Schlange annehmen. So erklären sich vielleicht bestimmte Mythen der griechischen Zeit, die einen Nachhall alten vorgriechischen Glaubens wiedergeben, wie z. B. der Mythos der „heiligen Hochzeit" der Gottkönigin Pasiphae in der Gestalt einer Kuh mit dem göttlichen Stier, der dem Meer entsprungen war, oder die Sage von der Entführung Europas durch Zeus, der die Gestalt eines Stiers angenommen hatte.

Goldring aus Knossos mit der Darstellung einer Erscheinung des Jungen Gottes vor seinem Heiligtum

Es ist zweifelhaft, ob in der minoischen Religion ein Stiergott existierte. Die Assoziation von Fruchtbarkeitsvorstellungen mit diesem so kraftvollen Tier ist aber wahrscheinlich. Bemerkenswert ist, daß auch in den verwandten kleinasiatischen Religionen der Geliebte der Göttin und Gott des Himmels zu dem Stier in Beziehung steht. In Ägypten wurden der heilige Apisstier von Memphis und die Göttin Hathor verehrt, die die Gestalt einer Kuh hat und die Sonnenscheibe zwischen ihren Hörnern trägt. Wenn auch der Kult der Himmelskörper auf Kreta nicht gesichert ist, so scheint doch eine Beziehung der Göttin zum Monde bestanden zu haben — wahrscheinlich faßte man den Halbmond als Hörner

Siegelabdruck aus Knossos mit einem Kind und einer Wildziege

einer Kuh auf — und eine Beziehung des männlichen Gottes zur Sonne, deren Symbol, die Rosette, auf der Stirn der stierförmigen kreto-mykenischen Rhyta abgebildet ist. Diese Verbindungen mit den Himmelskörpern scheinen in den Namen Pasiphae und Asterion nachzuklingen, die das griechische Altertum der göttlichen Königin von Knossos und dem Minotaurus gab. Der spätere Mythos von der Ziege Amaltheia, der Amme des ausgesetzten göttlichen Säuglings, weist hingegen auf den heiligen Charakter der Wildziege hin. Es ist kein Zufall, daß Votivtäfelchen mit einer Kuh und einer Wildziege, die ihre Jungen säugen — wahrscheinlich Verkörperungen der Muttergottheit — zusammen mit den Schlangengöttinnen in der Tempelschatzkammer in Knossos gefunden wurden.

Die Schlange nimmt unter den heiligen Tieren einen besonderen Platz ein. Bei ihr handelt es sich wohl um den allen Volkskulten gemeinsamen und noch heute auf dem Balkan bekannten guten Geist, der das Haus beschützt. Die Schlange des Erechtheion von Athen gehört zu derselben Kategorie. Nach Nilsson ist die Schlange in der minoischen Religion identisch mit der Schlangengöttin, die ihre Personifikation darstellt. Vielleicht hat aber die Schlange auch Beziehung zu dem Jungen Gott, wie z. B. der Mythos von Erechtheus zeigt. Nach Ansicht anderer verkörpert die Schlange das chthonische Wesen der Göttin, die gleichzeitig Göttin der Toten ist. Es scheint, daß diesem Hausdämon bereits in minoischer Zeit — wie auch später im klassischen Griechenland — Süßigkeiten und Honigwaben dargebracht wurden. Den Beweis dafür erbringen tönerne Votivnachbildungen aus Knossos, die Waben darstellen, die von Schlangen umgeben sind.

Kultstätten — Höhlen und Berggipfel

Besser als die noch ungeklärten Erscheinungsformen der minoischen Gottheit kennen wir dank der Ausgrabungen die heiligen Stätten und die Kulthandlungen. Ein charakteristischer Unterschied zwischen Kreta und dem Orient liegt darin, daß in Kreta Tempel fehlen. Die Tempel als Wohnungen der Gottheit und Zentren einer allgewaltigen Priesterschaft, wie sie in Sumer und Ägypten bestanden haben, existieren auf Kreta nicht. Hier wurde der Kult in Naturheiligtümern vollzogen, in Höhlen, auf den Gipfeln der Berge und in kleinen Haus- oder Palastkapellen, die sich äußerlich von dem übrigen Teil des Gebäudes kaum unterscheiden.

Es wurde bereits eine größere Anzahl von Höhlen erwähnt, in denen man den Kult vollzog. Schon in praepalatialer Zeit brachte man in der Höhle von Trapeza in der Lasithihochebene elfenbeinerne Votividole dar. Pilgerprozessionen aus Phaistos stiegen an den Tagen der Götterfeste hinauf zu der Höhle von Kamares auf dem Ida, wo sie Gefäße mit verschiedenartigen Weihgaben niedersetzten.

Einen besonderen Einfluß auf den Kult hatten anscheinend in bestimmten Höhlen die auch heute noch für den Besucher eindrucksvollen Stalaktiten und Stalagmiten. Im Halbdunkel und im Widerschein der Fackeln nahmen sie für den Gläubigen der minoischen Zeit eine übernatürliche Bedeutung an. In diesen merkwürdigen Naturgebilden sah er phantastische Wesen, die nie aufhörten, sein Interesse zu erwecken. Das ist besonders deutlich in der Höhle der Geburtsgöttin Eileithyia östlich von Herakleion. Dort galt ein größerer Stalagmit, neben dem ein viel kleinerer Stalagmit stand, offenbar als Abbild der Muttergöttin mit dem Göttlichen Kind. Man zog eine Mauer rund um das Götterbild und brachte dort während eines langen Zeitraumes Gefäße mit verschiedenen Opfergaben dar. Dieser Kult hielt in klassisch-griechischer Zeit an; deshalb konnten die Höhle und die in ihr verehrte Göttin bei Homer und anderen griechischen Quellen erwähnt werden.

Sicher kann die Heiligkeit der viel großartigeren Höhle von Psychro in gleicher Weise erklärt werden. Sie ist sehr wahrscheinlich die Diktäische Höhle der griechischen Zeit. Hier, glaubte man, habe die Muttergöttin Rhea den Jungen Gott geboren, den die Griechen „Zeus" nannten. Verschiedene Weihgaben, Opfertische, bronzene Idole, die Adoranten in charakteristischer Haltung darstellen, kleine Nachbildungen von Tieren, die man stellvertretend für lebende Opfer darbrachte, Werkzeuge, Waffen und Doppeläxte aus Bronze wurden rund um den hier errichteten Altar oder in die Spalten zwischen den Stalaktiten in der Höhle niedergelegt.

Viel bedeutendere Funde machte Marinatos in einer anderen heiligen Höhle in einem niedrigen Hügel bei Arkalochori, die der Plünderung entging, weil ihre Decke in alter Zeit einstürzte. Eine Anzahl von bronzenen Doppeläxten, unter ihnen eine mit einer Hieroglypheninschrift, kleine Votiväxte aus Gold und einige sehr lange, geschmiedete Bronzeschwerter zeigen, daß hier im Gegensatz zu der friedlichen Geburtsgöttin Eileithyia und der Göttin der Kamares-Höhle die kriegerische Erscheinungsform der Göttin verehrt wurde.

Andere heilige Höhlen sind die große Höhle von Skoteino — sie war wahrscheinlich die heilige Höhle von Knossos —, in der Davaras Bronzeidole und viel Keramik fand, und ebenso die Höhle von Patsos, wo Adorantenidole und Nachbildungen heiliger Hörner dargebracht wurden.

Den Kult vollzog man ebenfalls in den Gipfelheiligtümern. Die Nähe des Himmels, der weite Blick, die absolute Einsamkeit, die nur durch Wildziegen oder Vögel unterbrochen wurde, erfüllten den minoischen Menschen mit Ehrfurcht. Er glaubte, daß diese entlegenen Orte am ehesten für die flüchtige Epiphanie der Gottheit geeignet seien. Hier verehrte er die Bergmutter, die zugleich die Herrin der Tiere war. Diese Heiligtümer wurden nicht nur auf hohen Bergspitzen gefunden, so im Asterusiagebirge, sondern auch auf den zugänglicheren Gipfeln steiler Anhöhen, wie auf dem Petsophas, dem Juktas und der Korphe bei Tylissos, und sogar auf niedrigen Erdhügeln, wie dem Prophetes Elias bei Mallia und anderswo. Kleine ummauerte Heiligtümer und Altäre wurden errichtet und die Gipfel in eine Reihe von Terrassen mit Stützmauern gegliedert, damit sie die Menge der Adoranten aufnehmen konnten, die an Festtagen heraufkamen.

Auf diesen heiligen Gipfeln, und zwar hauptsächlich in der protopalatialen Periode, pflegte man große, weithin sichtbare Feuer zu entzünden, in die man verschiedenartige Weihgeschenke warf: Kleine tönerne Nachbildungen von Adoranten, sowohl Männer als auch Frauen in anbetender Haltung — gewöhnlich hielten sie die Arme vor der Brust verschränkt —, aber auch Nachbildungen einzelner Körperteile, wie Arme und Beine.

Diese wurden als Parallelen zu den heutigen Votivgliedern gedeutet. Man glaubte nämlich, daß sie kranke Körperteile darstellen, die der Gottheit geweiht werden, damit sie gesunden oder um für bereits vollzogene Heilung zu danken. Nilsson hat jedoch eine andere Erklärung vorgeschlagen: Die abgetrennten Glieder und Torsi wurden der Herrin der Tiere, die die Opfer zerreißt, als Speise dargebracht. Man opferte in den Gipfelheiligtümern aber auch Nachbildungen von Vögeln und vielen anderen Tieren, sogar Nachbildungen des heiligen Nashornkäfers, der noch heute auf Kreta lebt. Den Glauben an die reinigende und magische Kraft des Feuers findet man in den meisten Volksreligionen. Sicher fehlte an diesen Festen auch nicht die Grundform jedes Gottesdienstes, nämlich das Speiseopfer für die Gottheit.

Haus-Heiligtümer

Viele Teile der Paläste und der Privathäuser zeigen deutlich kultischen Charakter, und man bekommt den Eindruck, daß der minoische Mensch von der Vorstellung der Allgegenwart der Gottheit geradezu besessen war. In Knossos weisen die bekannten heiligen Hörner, die Wandmalereien mit Themen, die entweder unmittelbar oder mittelbar mit dem Kult zusammenhängen, die in die Mauern eingeritzten Doppelaxtzeichen und die Basen von wirklichen Doppeläxten, die an verschiedenen Punkten gefunden wurden, darauf hin, daß fast der ganze Palast heilig war. Aber auch besondere Stätten mit bestimmter architektonischer Gestalt existierten in den Palästen und Häusern für die Ausübung rein kultischer Zwecke.

Schon in der protopalatialen Periode kam im Palast von Phaistos das dreiteilige Heiligtum vor. Es bestand aus drei kleinen zusammenhängenden Räumen, von de-

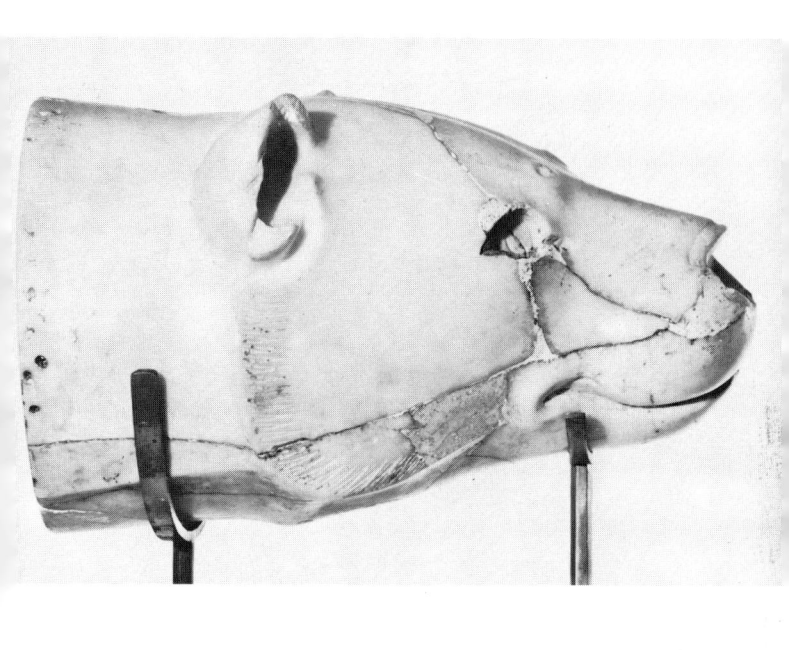

15. Kopf einer Löwin aus Knossos

16. Steinvase aus Hagia Triada

17. Das Delphinfresko aus Knossos

18. Die „Parisienne". Fresko aus Knossos

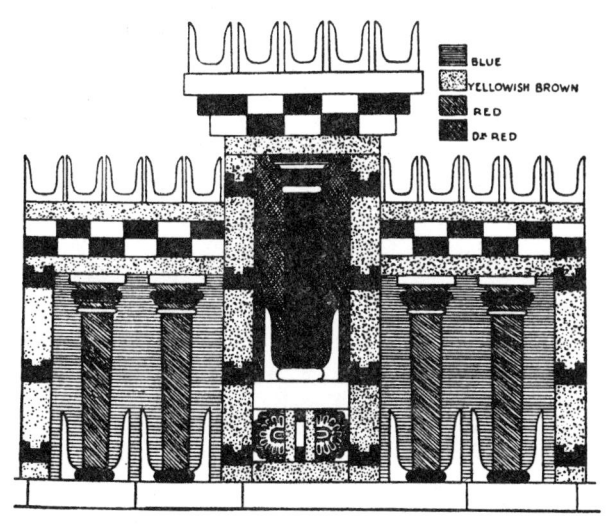

Säulenschrein von einem Fresko im Palast von Knossos

nen der mittlere wahrscheinlich höher war als die beiden anderen, wie Abbildungen ähnlicher Heiligtümer zeigen, die uns in der neopalatialen Periode begegnen. Hinter diesen Räumen lag in Phaistos ein weiterer Raum, ebenfalls mit sakralem Charakter; in seinen Boden war ein tönerner Opfertisch eingelassen, der in der Mitte eine Vertiefung besaß, damit sich darin die Trankopfer sammelten, die auf den Tisch gegossen wurden. Bänke und verschiedene Geräte, die für die Vorbereitung des Rituals dienten, weitere steinerne und tönerne Opfertische und kleinere Altäre entdeckte man in den Räumen des ersten Heiligtums. Draußen aber war eine Grube in den Felsen gehauen, wo die Opfer stattfanden, wie die Asche und Tierknochen beweisen, die dort gefunden wurden. Eine ähnliche, aber weiter entwickelte Anlage gab es auch im westlichen Flügel des Palastes von Knossos: Wir finden hier Krypten und obere Räume mit Säulen, aber die dreiteilige Anordnung erscheint nur an einer kurzen Strecke der Fassade.

Krypten mit einem viereckigen Mittelpfeiler waren in den meisten minoischen Siedlungen als Kultstätten üblich. Wenn auch einige Gelehrte den heiligen Charakter dieser Stätten bestreiten, so existieren doch viele Indizien dafür, daß in ihnen tatsächlich religiöse Zeremonien vollzogen wurden. So entdeckte man in einem Raum dieser Art in einem der minoischen Häuser auf dem Gypsadeshügel bei Knossos ungefähr zweihundert kleine konische Becher, die rund um den Pfeiler umgestülpt aufgestellt waren; sie enthielten noch verkohlte Reste pflanzlicher Herkunft. In den Krypten des Palastes von Knossos wurden im Fundament Reste von Opfern gefunden, nämlich Asche und Tierknochen. Die Pfeiler tragen hier Ritzzeichnungen, die Doppeläxte darstellen. In anderen Fällen hat man Basen von Doppeläxten neben den viereckigen Pfeilern entdeckt.

Diese Krypten sind dunkel und wurden daher mit Öllampen erleuchtet; sie sind außerdem so klein, daß sie den Eindruck erwecken, der Mittelpfeiler sei nicht unbedingt zur Stützung der Decke nötig gewesen, sondern sei aus rituellen Gründen dorthin gesetzt worden. Evans und andere Gelehrte behaupten sogar, daß der in den Krypten ausgeübte Kult sich an den Pfeiler richtete. Wir kennen auch andere Beispiele für kultische Verehrung von Steinen, wie z. B. die „Baitylen" (sakrale Steine) und die Hermen der griechischen Antike, den Zeusstein, der in Delphi gezeigt wurde, und den Stein, den Jakob nach dem Alten Testament an der Stelle aufrichtete, wo er den Himmel offen gesehen hatte. Jakob verehrte diesen Stein, indem er Öl auf ihn goß. Wahrscheinlich fanden ähnliche Flüssigkeitsopfer auch an den Pfeilern der minoischen Krypten statt. Denn rings um die Pfeiler befinden sich häufig Vertiefungen im Boden; ein andermal sehen wir vor ihnen kleine Gruben und Rinnen, in denen sich die ausgeschüttete Flüssigkeit sammeln sollte. Andere Beispiele eines bildlosen Kultes sind der Baitylos der Kybele in Pessinus und noch heute die Kaaba der Araber in Mekka. Vielleicht wurden also auch die viereckigen Pfeiler der minoischen Krypten durch das Einritzen heiliger Symbole, wie Doppelaxt oder Stern, zu Baitylen, d. h. „Gotteshäusern" geweiht. Eine magische Funktion der Pfeiler zur Abwehr von Erdbeben ist ebenfalls möglich.

Heilig waren auch die Räume über den Krypten, wo anstelle der viereckigen Pfeiler Säulen des üblichen Typs standen. Speziell oberhalb der Krypten des Westflügels von Knossos gab es eine Stätte mit drei Säulen, in der man das „Heiligtum mit den drei Säulen" erkennt, das auf den Wandgemälden abgebildet ist. Darstellungen, auf denen Doppeläxte und heilige Knoten an den Säulen hängen, zeigen, daß die Säule vielleicht ebenso wie der Pfeiler sakrale Bedeutung hatte. Wir haben übrigens auch eine tönerne Nachbildung aus Knossos, die drei Säulen darstellt, auf denen Vögel sitzen, ein sicheres Zeichen für die Epiphanie der Gottheit. Auf anderen Darstellungen stehen Löwen und andere Wesen, wie Sphingen und Greife, symmetrisch zu beiden Seiten einer Säule, die manchmal hinter einen Altar gesetzt ist.

Eine andere Art von Kultstätten mit leicht erkennbarer architektonischer Gestalt sind die sog. heiligen Bassins oder Lustrationsräume. Es handelt sich um kleine Zimmer, deren Boden sich unter dem Niveau der umliegenden Räume befindet. Man geht zu ihnen eine in der Regel kleine Treppe hinab. Ursprünglich hielt man diese Räume für Bäder. Das ist aber nicht wahrscheinlich, weil ihnen ein Wasserabfluß fehlt. Es wurden dagegen in einigen dieser heiligen Bassins kleine Keramikkannen gefunden, mit denen man sich zur kultischen Reinigung besprengte oder salbte. In anderen Lustrationsräumen fand man Rhyta und kunstvolle Steingefäße, die offenbar als Behältnisse für Trankopfer dienten.

Charakteristisch sind auch die Heiligtümer der späten minoischen Zeit. Sie haben die Form kleiner Zimmer, häufig mit einer Steinbank an einer Seite, auf die man die Kultgegenstände setzte. Solche Heiligtümer wurden in Knossos, Gurnia, Gazi, Karphi, Kumasa, Gortys und Hagia Triada gefunden. Im Heiligtum von Knossos lagen auf der Bank zwei Nachbildungen von Kulthörnern zusammen mit Doppeläxten und Idolen. Eins davon bildet die Göttin mit einer Taube auf dem Kopf ab, die anderen stellen Adoranten oder Begleiter der Göttin dar. Vor der Bank befanden sich ein runder Opfertisch und verschiedene Gefäße, Amphoren und Becher. In einem anderen Heiligtum, das in einem älteren Lustrationsbecken des Kleinen Palastes von Knossos eingerichtet war, fand man auf der Bank ein großes und drei kleine Gebilde aus Naturstein, die fettleibigen weiblichen Körpern ähnlich sehen, außerdem ein Paar heiliger Hörner. In anderen Heiligtümern dieser Epoche wurden große Tonidole verehrt, von denen noch weiter unten die Rede sein wird. Die Größe der Statuen und der allgemeine Charakter der Heiligtümer zeigen, daß sie der ganzen Gemeinde gehörten. Es ist bezeichnend für diese Zeit, daß in jeder Siedlung (wie z. B. in Karphi oder Gurnia) nur e i n Heiligtum dieser Art existierte. Diese Entwicklung vom Haus- oder Palastheiligtum zum öffentlichen Heiligtum verdient besondere Beachtung.

Idole

Es wurde bereits bei der Untersuchung der Formen, in der man die Gottheit verehrte, über die Idole gesprochen. Die minoische Tradition des kleinen weiblichen Idols hat ihren Ursprung in der neolithischen Zeit, in der plastische Darstellungen einer steatopygen oder fettleibigen nackten weiblichen Gestalt auftreten. Die absolute Nacktheit, die gelegentliche Darstellung der weiblichen Geschlechtsteile, die Sorgfalt, die man bei der Modellierung einiger dieser Figürchen aufwandte, wie auch die Tatsache, daß Amulette des gleichen Typs in frühminoischer Zeit existierten, beweisen, daß diese Idole tatsächlich eine Göttin darstellen. Wahrscheinlich handelt es sich um eine Vorläuferin der Gottheit, der wir in den folgenden Epochen der altkretischen Kultur begegnen. Kleine Tonnachbildungen von Tieren wurden dieser Göttin dargebracht. Es ist aber nicht sicher, ob die schöne männliche Steinfigur, die John Evans in den neolithischen Häusern von Knossos entdeckte, ein frühes Bildnis des Jungen Gottes oder nur das Bildnis eines Adoranten ist.

Die Kykladenidole setzen die Tradition der Nacktheit fort. Es ist nicht wahrscheinlich, daß diese Idole Konkubinen oder Dienerinnen des Toten darstellen, wie man angenommen hat, denn sie ähneln den großfigurigen Kykladenidolen, die sicher Kultbilder waren. (Es gibt sogar Fälle, in denen die Gestalt als Kurotrophos ein kleines Kind auf dem Kopf trägt oder auf einem Thron sitzt.) Die nackte Fruchtbarkeitsgöttin wird in einer Ritzzeichnung auf einem praepalatialen Gefäß aus Mallia abgebildet, wie sie ihre Beine spreizt, um ihre Scham darzubieten. Solche Bilder waren für die primitive Vorstellung nicht obszön. Im Gegenteil, die menschliche Fortpflanzung, eng verbunden mit der Vermehrung von Tieren und Pflanzen, hatte tiefe religiöse Bedeutung. Die nackte Göttin erscheint in den folgenden Epochen nur noch selten. Die wichtigsten Ausnahmen befinden sich auf einem Rhyton aus Gurnia und auf einem Goldblatt aus Mykene, wo die Göttin nackt dargestellt ist mit Vögeln auf dem Kopf und auf den Armen.

Charakteristisch für den Beginn der protopalatialen Periode sind die sehr merkwürdigen glockenförmigen Idole. Es handelt sich um kleine Gegenstände aus Ton

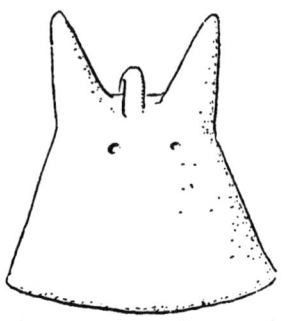

Glockenförmiges Idol aus Tylissos

mit einer Öse zum Aufhängen, zwei hornförmigen Fortsätzen und augenförmigen Schlitzen. Solche Idole fand man in Knossos und Poros, in Tylissos und in einem Grab in Voru in der Mesara. Sie wurden als Votivglocken, als Nachbildungen heiliger Kleidungsstücke und plausibler von N. Platon als Nachbildungen von Masken gedeutet, die Priester und andere Personen trugen, die an den Riten teilhatten. Diese Erklärung basiert auf einem glockenförmigen Idol, auf das deutlich die Züge eines menschlichen Gesichts gemalt sind: Augen, Nase und Mund. Einige von diesen Gegenständen sind Zwillingsfiguren, aus zwei glockenförmigen Idolen gebildet, die miteinander vereinigt sind. Zuweilen haben sie zwischen sich einen kleinen menschlichen Kopf oder einen kleinen Stier.

Die Schlangengöttinnen aus Knossos wurden bereits oben erwähnt. Die Göttinnen sind als Hofdamen dargestellt. Sie tragen Schmuck und sind reich gekleidet, nackt sind nur ihre Brüste, wodurch der mütterliche und weibliche Charakter der Göttin betont wird. Matz sieht diese Statuetten nicht als Kultidole an, sondern als Darstellungen menschlicher Gestalten, die die Rolle der Gottheit spielten. Wenn in diesem Heiligtum ursprünglich sicher auch weitere Idole existierten, so machen jedoch von den übriggebliebenen die beiden vollständiger erhaltenen, von denen die größere eine hohe Tiara trägt, den Eindruck eines Göttinnenpaares; vielleicht handelt es sich um Mutter und Tochter. Es ist wahrscheinlich, daß das Auftreten von heiligen Schlangentänzerinnen bei Kultfesten den Anstoß gab, die Gottheit in dieser Form darzustellen.

Etwa derselbe Typus lebt in den Göttinnen der kleinen postpalatialen Heiligtümer weiter. Sie sind immer mit verschiedenen Symbolen auf ihrem Kopf dargestellt worden: mit Vögeln, Hörnern, Mohnkapseln und Scheiben.

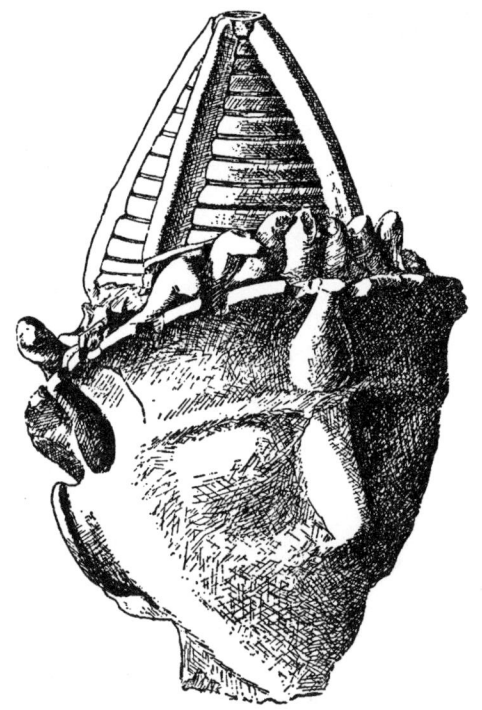

Kopf einer Göttin aus Gortyn

Manchmal kommen auch die Köpfe von kleinen Schlangen über dem Diadem zum Vorschein. Aus dem Heiligtum von Gurnia stammen Idole, die von Schlangen umwunden sind, und die Hand eines Idols mit einer Schlange und einem Schwert. Ein Idol aus Gortys hält Schlangen in den Händen, während sich ein Vogel an seine Wange schmiegt. Dadurch ist bewiesen, daß nicht etwa zwei verschiedene Göttinnen existieren, eine himmlische mit Tauben und eine chthonische mit Schlangen.

Besondere Aufmerksamkeit verdient die Gebärde dieser späten Idole. Sie haben ihre Arme immer zum Himmel erhoben. Diese Haltung wurde als Gruß- oder Segensgeste gedeutet, die sich an die Gläubigen richtet, oder als eine Geste, durch die magische Kraft von der Gottheit ausstrahlt, oder als symbolische Andeutung der Epiphanie der Göttin, der Tanzhaltung der Priesterinnen entsprechend, die die Göttin darstellten. Vielleicht kann diese Geste auch auf den Einfluß bestimmter Darstellungen orientalischer Gottheiten zurückgeführt werden, die für die Menschen zu höheren Göttern beten.

Priesterinnen verehren eine Göttin unter dem heiligen Baum
Goldring aus Mykene

Baumkult

Groß ist die Bedeutung des Baumes in der minoischen Religion. Auf dem Sarkophag von Hagia Triada ist der heilige Baum in einer Einfriedung abgebildet, die mit Kulthörnern bekrönt ist; davor sind ein Altar und eine Doppelaxt zu sehen. Diese Darstellung beweist, daß tatsächlich heilige Bäume verehrt wurden. Auf dem Goldring aus Mykene sitzt die angebetete Göttin unter einem heiligen Baum. Auf dem Ring von Mochlos werden ein Baum und eine Göttin zusammen in einem Boot gezeigt. Auf einer anderen Darstellung sieht man eine Frau, vielleicht eine Göttin, mit zwei kleinen Mädchen vor der Einfriedung des heiligen Baumes. Die Adoranten des Baumes, Männer und Frauen, stehen einmal neben ihm, dann wieder berühren sie seine Zweige, oder sie pflegen ihn ganz allgemein, oder sie reißen ihn sogar mit den Wurzeln heraus. Szenen orgiastischen Tanzes oder tiefer Betrübnis der Adoranten vor dem heiligen Baum erklären sich aus den teilnehmenden Gefühlen, die das Schicksal der wiederauferstehenden oder sterbenden Vegetation hervorrief.

Wahrscheinlich konnten Bäume verschiedener Gattungen als heilig angesehen werden; aber in den meisten Fällen, besonders auf dem Sarkophag aus Hagia

Goldring aus Vaphio. Eine Frühlingsszene; orgiastischer Tanz zu Ehren des Heiligen Baumes

*Goldring aus Phaistos. Eine Winterszene; der Heilige Baum
wird entwurzelt und betrauert*

Triada, ist deutlich, daß es sich um Ölbäume handelt. Das Vorhandensein von uralten Ölbäumen, die offenbar niemals zugrunde gingen, sondern immer wieder aus den alten, schon fast toten Stämmen ausschlugen, beeindruckten den primitiven Menschen zutiefst. Die unglaublich lange Lebensdauer dieses Baumes und seine Bedeutung für das menschliche Leben erklären hinreichend, warum der Ölbaum als heiliger Baum angesehen wurde.

Der Baumkult steht vielleicht im Zusammenhang mit der Heiligkeit der Säule, über die bereits gesprochen wurde. Eine Parallele dazu gibt es in dem ägyptischen Mythos von Osiris, einem sterbenden Vegetationsgott, dessen Körper in einen Baumstamm eingeschlossen als Säule im Palast von Byblos an der syrischen Küste benutzt wurde.

Heilige Symbole

Viele der bereits erwähnten Beispiele beweisen, daß der minoischen Religion die symbolische Darstellung der Gottheit durch Gegenstände, die mit dem Kult in Verbin-

Die Heiligen Hörner und eine Trankopfervase

dung standen, vertrauter war als die direkte Darstellung der Gottheit. Eins der heiligsten Symbole war das heilige Hörnerpaar. Hörnerpaare wurden auf die Bänke der Heiligtümer und auf die Altäre gesetzt. Auf anderen Darstellungen sieht man die Hörnerpaare zusammen mit Doppeläxten, heiligen Zweigen und Spendengefäßen. In den Säulenheiligtümern wurden Hörnerpaare zu beiden Seiten der Säule oder vor ihr aufgestellt. Das bestätigt das Tempelgrab von Knossos, wo man ein Hörnerpaar neben der Basis einer Säule gefunden hat. Es gibt Nachbildungen von Hörnerpaaren aus Ton, Gips und Stein. Ein riesiges Hörnerpaar, mehr als zwei Meter breit und hoch, wurde an den Südpropyläen von Knossos entdeckt. In Niru waren Kulthörnerpaare offenbar auf einer abgestuften Basis an der Südseite des Hofes vor dem Megaron aufgestellt. Sicher wurden die Hörnerpaare zu Kultgegenständen, da auch der Stier heilig war und *Bukranien*, d. h. Schädel von geopferten Rindern, an heiligen Bäumen und an den Mauern der Heiligtümer aufgehängt wurden.

Eine noch größere Bedeutung hatte die Doppelaxt. Die kultische Doppelaxt entwickelte sich aus der Doppelaxt des täglichen Gebrauchs, von der sie sich folgendermaßen unterscheidet: Das Blatt ist viel größer und dünner. Die Schneiden entwickeln sich und nehmen eine halbkreisförmige Gestalt an, manchmal verdoppeln sie sich auch, so daß die Axt zur Vierfach-Axt wird. Häufig sind die Äxte mit einem ziselierten Liniendekor, seltener durch Perforationen geschmückt. Die Votiväxte haben dieselbe Form wie die Kultäxte, aber sie sind kleiner. Kult- und Votiväxte besitzen wir aus den heiligen Höhlen von Arkalochori und Psychro, aus dem Palast von Zakros und aus den Herrenhäusern von Niru und Hagia Triada.

In den Abbildungen auf Gefäßen und Siegeln wird die Doppelaxt mit ihrem Stiel dargestellt, der zwischen den heiligen Hörnerpaaren oder auf dem Kopf eines Stiers befestigt ist. Auf dem Sarkophag von Hagia Triada stehen Doppeläxte, deren Stiel mit Blättern umwunden ist, auf gestuften Basen, während auf ihrer Oberkante die Gottheit in Gestalt eines Vogels sitzt. An anderer Stelle ist die Doppelaxt mit einem „heiligen Knoten" oder mit Pflanzenmotiven kombiniert. Heilige Gefäße sind mit ihr geschmückt, sie ist aber auch in die Pfeiler der heiligen Krypten und in die Wände der Paläste eingeritzt. Doppeläxte standen an verschiedenen Stellen der Paläste auf Steinbasen, die die Form von stumpfen Pyramiden haben.

Die starke Verbreitung dieses Symbols in den Palästen erklärt wahrscheinlich, weshalb der Palast von Knossos Labyrinth genannt wurde: Labrys bedeutete in einer anatolischen Sprache und wahrscheinlich auch in der minoischen „Doppelaxt". Das Wort „Labyrinth" bezeichnet also den „Palast der Doppeläxte". Dieselbe Wurzel begegnet uns in Labranda in Karien, wo Zeus Labrandeus oder Stratios verehrt wurde, und es ist kein Zufall, daß sein Symbol die Doppelaxt war. Noch früher finden wir in Kleinasien den churritischen und hethitischen Gewittergott Teschup, der auf einem Stier stehend mit

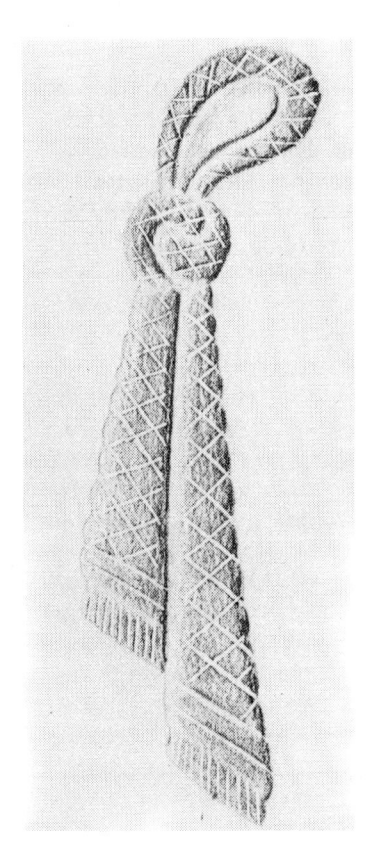

Heiliger Knoten aus Knossos

Doppelaxt und Donnerkeil abgebildet wird. Man nahm an, daß auch in Kreta die Doppelaxt das Symbol eines ähnlichen Himmelsgottes war. Diese Deutung steht aber im Widerspruch zu der Tatsache, daß in der kreto-mykenischen Kunst die Doppelaxt eine weibliche Gottheit begleitet: Charakteristisch sind die Siegel von Kalkani und Knossos, die eine Göttin zwischen Löwen und Greifen mit einer Doppelaxt über ihrem Haupt zeigen. Auf einer

Steinform aus Seteia ist ebenfalls eine Göttin mit Doppeläxten abgebildet. Es muß darüber hinaus darauf hingewiesen werden, daß auch die weibliche kleinasiatische Gottheit nicht ohne Beziehungen zu der Doppelaxt ist: Der Name *Kybele* wird nicht nur mit den *kybela*, d. h. den Höhlen, sondern auch mit dem Wort *kybelis* verglichen, das „Doppelaxt" bedeutet. Kultbilder von Doppeläxten (und Stieren) kamen sogar in den neolithischen Schichten von Catalhüyük in Kleinasien zum Vorschein, die Mellaart ausgegraben hat.

Nach einer anderen Theorie (der Buchholz aber widersprach) wurde die Doppelaxt zum Kultgegenstand, weil sie das Werkzeug war, mit dem man den Stier opferte. Auf minoischer Keramik ist die Doppelaxt häufig über Bukranien abgebildet. Noch in klassisch-griechischer Zeit wurden in Tenedos Kälber zu Ehren des Dionysos geopfert und dabei mit einer Doppelaxt erschlagen.

Ein anderes Symbol war der „Heilige Knoten": ein Gewebestreifen mit einem Knoten in der Mitte, dessen beide lose Enden frei herabfallen wie bei einem modernen Halstuch. Es gibt Darstellungen solcher Knoten auf Keramikgefäßen. Nachbildungen von Knoten aus Elfenbein und Fayence fand man in Knossos, Zakros und Mykene. Auf einem Wandgemälde der Villa von Niru ist ein gleicher Knoten abgebildet. Einen heiligen Knoten trägt auch die sog. Pariserin auf dem bekannten Wandgemälde aus dem Palast von Knossos. Sicherlich wurde mit dem Knoten eine magische Bindung der Gottheit beabsichtigt. Beschützende Bedeutung hatten die Knoten auch in Ägypten. Eins der Symbole der Isis war ein Knoten wie der minoische. Der Gordische Knoten ist ebenfalls mit den minoischen heiligen Knoten in Verbindung gebracht worden.

Sakrale Bedeutung scheinen auch gewisse andere Gegenstände gehabt zu haben, die direkt oder indirekt mit der Gottheit zusammenhingen. So betrachtete man Teile der Kriegsausrüstung, hauptsächlich der defensiven, wie Schild, Helm und vielleicht auch den Brustpanzer, als Symbole der Göttin oder als ihre Manifestation in symbolischer Form, zweifellos im Glauben daran, daß sie außer anderen auch kriegerische Eigenschaften besaß. In der minoischen Kunst dominieren allerdings kultische Motive oder Motive, die mit dem Leben der Natur in Zusammenhang stehen. Es ist jedoch sicher, daß das minoische Kreta nicht ohne Heeresorganisation war, ohne die sonst die Existenz eines großen Staates mit auswärtigem Einfluß nicht denkbar wäre. Ein Beweis dafür ist die Produktion hervorragender Offensiv- und Defensivwaffen. So war es also ganz natürlich, daß die Göttin auch die Eigenschaft einer Kriegsgottheit annahm, die den König bei Land- und Seeoperationen unterstützte.

Eine Bestätigung für die kriegerische Erscheinungsform der minoischen Gottheit bietet hauptsächlich der Fund großer Schwerter, die zusammen mit Doppeläxten in dem Höhlenheiligtum von Arkalochori entdeckt wur-

Siegel aus Knossos mit der Darstellung einer bewaffneten Göttin

den, außerdem ein Siegel aus Knossos, auf dem die Göttin mit einem Schwert erscheint. Ein Schwert trägt auch die Hand eines Idols aus Gurnia. Auf den Siegelbildern von Zakros sind rinder- und vogelköpfige weibliche Dämonen abgebildet, die Helme tragen. Diese Darstellungen (mit Ausnahme des Idols von Gurnia) liegen vor der achäischen Eroberung Kretas. Sie können also nicht der kriegerischen Mentalität des achäischen Bevölkerungselementes zugeschrieben werden. In Mykene begegnet uns eine Abbildung der Göttin mit einem großen, achtförmigen Schild. Die Göttin steht zwischen Adoranten und in der Nähe eines Altars. Eine kleine, schwebende Gestalt mit Schild und Lanze erscheint auf einem Ring aus Mykene. Diese Gestalten kann man mit den „Palladien" vergleichen, kleinen bewaffneten Statuetten der Athene aus der klassischen Epoche.

Die Darstellungen einzelner Waffen oder Teile der Rüstung, z. B. des Schildes, werden als Symbole oder abgekürzte Darstellungen der Kriegsgöttin gedeutet. Man hat freilich auch das Gegenteil behauptet, nämlich daß die kultische Verehrung der Waffe als eines selbständigen Dinges vorangeht und ihre anthropomorphe Darstellung später folgt. Beispiele für einen Waffenkult haben wir auch aus griechischer und römischer Zeit. Wir kennen die *ancilia*, heilige Schilde der Römer, die, wie man glaubte, vom Himmel gefallen waren. Schild und Helm konnten leicht apotropäische, d. h. vor Unheil schützende Bedeutung annehmen, und es ist charakteristisch, daß wir tatsächlich kleine Nachbildungen von Schilden haben, die als Amulette gebraucht wurden.

Welche Bedeutung man auch immer der Heiligkeit der Waffen und Rüstungen in kreto-mykenischer Zeit beigemessen hat, sicher ist, daß in vielen Fällen die Darstellung der Schilde und Helme kultischen Charakter hat. So ist ein Helm in eine kupferne Doppelaxt ziseliert. Achtförmige Schilde erscheinen neben Heiligtümern,

19. Rhyton des Meeresstils
aus Zakros

20a. Zwei Palaststil-Amphoren aus Knossos

20b. Tonsarkophag aus Palaikastro

21a. *Libationskanne aus Katsambas*

21b. *Idol einer Göttin aus Gazi*

22. Ein Kulttanz. Aus Palaikastro

Ritualgefäß mit dem 8-förmigen Schild verziert

Säulen, Wildziegen und anderen heiligen Tieren auf Siegeln und Siegelabdrücken. Die Abbildung eines solchen Schildes und eines Helms sehen wir auf Kultgefäßen von charakteristischer Form, die aus einem Grab in der Nähe von Knossos stammen. Spendengefäße wie die prächtige große Kanne aus Katsamba tragen als Schmuck kleine Reliefschilde. Eine Amphora, ebenfalls aus Katsamba, ist mit Kriegerhelmen bemalt. Große achtförmige Schilde hingen wahrscheinlich in der Halle des Königs in Knossos an den Wänden und sind auf Wandmalereien eines benachbarten Raumes abgebildet. Diese Schilde waren aus Stierhäuten hergestellt, was wahrscheinlich einen zusätzlichen Grund für ihre Heiligkeit bedeutete: Die Haut des geopferten göttlichen Tieres konnte als Schild Rettung bringen. Der Fund eines Rhytons in der Halle des Königs zeigt, daß der Kult auch in diesem Raum vollzogen wurde. Wenn auch auf einem Siegelabdruck eine Frau in verehrender Haltung vor einem Schild dargestellt wird, so ist es dennoch nicht völlig sicher, ob die Schilde Gegenstände kultischer Verehrung bildeten.

Kreuz und Rad von der Steinform aus Seteia

Ein anderes heiliges Symbol war das Kreuz mit seinen verschiedenen Varianten, dem Stern, dem Hakenkreuz und dem Rad. Das Kreuz findet sich häufig auf Siegeln und Siegelabdrücken, manchmal begegnet es uns auch in der Form eines X zwischen den Hörnern des Stiers. Eins der bedeutendsten Beispiele ist das Steinkreuz aus den Tempeldepots von Knossos. Sicher handelt es sich weder um ein nur dekoratives Motiv, noch besteht eine Beziehung zu dem christlichen Passionskreuz. Nach der glaubwürdigsten Theorie stellen Kreuz und Rad Stern- und Sonnensymbole dar. Die Schenkel des Kreuzes bedeuten die Strahlen der Sonne oder eines Sterns, das Rad versinnbildlicht die Sonnenscheibe, die der primitive Mensch als Rad eines Wagens auffaßte, der den Himmel durchmißt.

Den wohltätigen Beistand der Gottheit und die Abwehr des Bösen suchte man nicht nur mit den erwähnten

Symbolen zu erlangen, sondern auch mit magischen Amuletten oder Talismanen verschiedener Formen, die die Gläubigen trugen. So begegnet uns die sog. apotropäische Gattung der Siegelsteine, denen offenbar magische Kräfte zugeschrieben wurden. Diese Siegel tragen Darstellungen von Spendengefäßen, Augen, Ohren und monströsen Wesen, die an die Gorgoneien der klassisch-griechischen Zeit erinnern. Ein entfernter Nachklang des Glaubens an diese magischen Eigenschaften lebt noch fort im Aberglauben der heutigen kretischen Bauern, daß diese Siegelsteine oder „Milchsteine" die Milch derjenigen Mütter mehren, die einen davon als Amulett tragen. In älterer Zeit begegnen uns auch Siegel mit hieroglyphischen Inschriften, die vielleicht Zauberformeln oder Beschwörungen wiedergeben. Daneben existieren Amulette in der Form eines menschlichen Fußes, eines kleinen achtförmigen Schildes, eines Ohrs und eines Auges. Aber das charakteristische Amulett der minoischen Zeit ist das goldene aus Hagia Triada mit winzig kleinen Darstellungen eines Skorpions, einer Schnecke, einer Spinne, einer Schlange und einer menschlichen Hand.

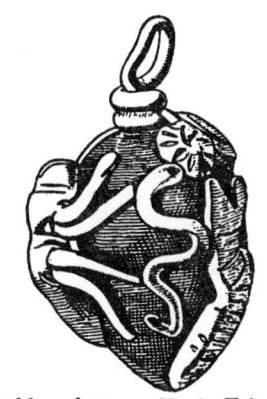

Goldamulett aus Hagia Triada

Altäre und rituelle Gefäße

Unter den Gegenständen, die für den Kult gebraucht wurden, nehmen die Altäre eine besondere Stellung ein. Aus behauenen Steinen erbaute rechteckige Altäre, von denen nur die Basis erhalten blieb, standen im Westhof des Palastes von Knossos. Im Zentralhof in Phaistos steht noch ein mit Stufen versehener Altar. Die Altäre waren mit Hörnerpaaren gekrönt, wie Reliefdarstellungen auf steinernen Gefäßen aus Zakros und aus Knossos beweisen. Sicherlich fanden auf den Altären die Schlacht- und Brandopfer statt. Aber auch unblutige Gaben, wie Zweige, Obst, Wein und andere Trankopfer wurden auf ihnen dargebracht. Rund um eine ähnliche Konstruktion in der Diktäischen Höhle hat man in einer Aschenschicht Opfertische, Fruchtständer und Becher gefunden. Feuerroste, die unter dem Niveau des übrigen Bodens im Zentralhof des Palastes von Mallia zutage traten, sollten vielleicht die vollständige Verbrennung von Opfertieren gewährleisten.

Es gab jedoch auch kleine, bewegliche Steinaltäre mit leicht nach innen gewölbten Seiten. Sie waren ebenfalls mit Hörnerpaaren bekrönt und mit heiligen Zweigen besteckt. Solche Altäre wurden im Haus des Hohenpriesters bei Knossos, im Palast von Mallia und in Archanes gefunden. Ein kleiner Tuffsteinaltar aus Knossos ist mit Reliefdoppeläxten und -hörnerpaaren geschmückt. Diese kleinen Altäre wurden sicher nur für unblutige Opfergaben benutzt.

Eine ähnliche Funktion hatten die Opfertische, entweder plan oder mit einer runden oder länglichen Vertiefung, die zweifellos dazu diente, die Flüssigkeiten zu sammeln, die aus Spendegefäßen ausgegossen wurden. Zu dieser Gattung gehört der bereits erwähnte tönerne Opfertisch aus Phaistos. In der neopalatialen Periode be-

Frühminoischer Tonkernos aus der Mesara

gegnen uns runde, dreifüßige Opfertische aus Stuck und Ton. Eine bedeutende Anzahl von Geräten dieser Gattung wurde in der Villa von Niru gefunden. Es existieren auch Opfertische aus Stein in der Form eines Leuchters mit hohem Fuße und Fruchtständer aus Ton für Obst als Opfergabe.

Ein charakteristisches Gefäß des minoischen Kults ist der Kernos, der seinen Namen von entsprechenden Gefäßen der griechischen Antike hat, die im Kult der Demeter benutzt wurden. Die *Kernoi* (von dem Verb *kerannymi* = mischen) waren Gefäße mit zwei, drei oder mehr napfartigen Vertiefungen für Opfer verschiedenster Art. Schon in frühminoischen Gräbern begegnen uns die sog. „Salznäpfe", d. h. einfache, rechteckige Stein- oder Tonkernoi, die durch Vereinigung von zwei oder drei Näpfen bzw. kleinen Gefäßen an einer gemeinsamen Basis entstehen. Aus dem ersten Palast von Phaistos stammt ein Steinkernos mit einer Reihe von Vertiefungen. Das bekannteste Beispiel ist der runde Steinkernos aus Mallia mit vielen flachen Vertiefungen am Rand und einer großen im Zentrum. Offenbar wurde dieses Gerät für die Darbringung der *Panspermie* benutzt, d. h. kleiner Mengen aller Arten von Agrarerzeugnissen. Ein protogeometrischer Kernos aus Kurtes besteht aus einem Kreis kleiner Gefäße, die auf einen hohlen Ring gesetzt sind. Zwischen den Gefäßen stehen kleine menschliche Idole in Gebetshaltung.

Eine Stelle bei Athenaios gibt uns die Auskunft, daß während der klassisch-griechischen Epoche in die kleinen Becherchen der Kernoi alle Getreidesorten, nämlich Weizen, Gerste und Hafer, hineingetan wurden, auch verschiedene Hülsenfrüchte, z. B. Linsen, Bohnen und Erbsen, ebenso Flüssigkeiten, wie Öl, Milch, Wein und Honig, ferner weißer Mohn (wahrscheinlich Samen des Schlafmohns) und ungereinigte Schafwolle. In die mittlere Vertiefung der Kernoi legte man wahrscheinlich einen Kuchen aus verschiedenen Früchten.

Den Sinn dieses Opfers findet Xanthudides durch den Vergleich mit entsprechenden christlichen Erntebräuchen, die noch heute von den Kretern geübt werden. Die *Aparchai*, d. h. jeweils die ersten Früchte der Erde, Trauben, Feigen usw., werden in die Kirche gebracht und vom Priester gesegnet. An hohen Festtagen bringt man auch Brot, Wein, Öl und Korn dar. Der Priester beweihräuchert sie, segnet sie und betet für eine reiche Ernte mit den Worten: „Herr, segne dieses Brot, das Korn, den Wein und das Öl, vermehre sie, und heilige diejenigen, die davon essen." Anschließend werden die Opfergaben an den Gutsherrn, die Gemeinde und den Priester verteilt. In alten kretischen Klöstern gibt es auch heute noch ein Gerät, das man mit einem Kernos vergleichen kann. Es ist aus Leuchtern und kleinen Fläschchen für Getreide, Öl und Wein zusammengesetzt.

Licht auf die Panspermien des Altertums werfen auch die heutigen *Polysporia*, das sind verschiedene Getreidesorten und Hülsenfrüchte, die an bestimmten Festen zusammen gekocht werden, und ebenso die *Kollyba:* Weizen, Granatäpfel und Mandeln, die bis auf den heutigen Tag den Toten dargebracht werden.

Vielleicht benutzte man die großen minoischen Kernoi für Panspermien dieser Art. Die Minoer haben sicherlich gehofft, durch Segnung einer stellvertretenden Menge jeder Fruchtart einen magischen Einfluß auf die Natur auszuüben, um eine reiche Ernte zu erzielen. Ebenso gab es sicherlich auch die Darbringung von Opfergaben und die Danksagung an die Gottheit für die bereits eingebrachte Ernte. Ein entsprechendes Symbol für eine gute Ernte ist in anderen Kulten der Kranz aus Früchten und Blumen. Der kreisförmige minoische Kernos ist also seinem Wesen nach ein symbolischer Kranz, der eine reiche Ernte im Jahreszyklus bewirken soll.

Die Ansicht, daß die Kernoi keine Kultgeräte, sondern Glücksspiele waren, ist nicht mehr stichhaltig, seit ein ähnlicher Kernos auch in Chrysolakkos, der Nekropole von Mallia, gefunden wurde.

Für Trankopfer benutzte man auch die sog. *Rhyta* — das Wort kommt von dem griechischen Verbum *rheo* = fließen. Das sind Gefäße, die nicht nur eine Öffnung haben, durch die sie gefüllt wurden, sondern auch eine zweite Öffnung an der Unterseite für den Ausfluß. Die unpraktische Form dieser Rhyta sowie ihre oft prächtige und kunstvolle Gestaltung zeigen, daß es sich hier in der Tat um Kultgefäße handelt. Das beweist auch ein Siegelabdruck, auf dem ein Adorant zu sehen ist, der einer sitzenden Göttin ein konisches Rhyton darbringt. Aus dem Rhyton wurde die Flüssigkeit entweder in ein Gefäß, daß das Trankopfer auffing, oder direkt in den Schoß der Mutter Erde gegossen.

Eine besondere Gattung stellen diejenigen Rhyta dar, die Menschen- oder Tiergestalt oder die Form eines Tierkopfes haben. Religiöses Empfinden suggerierte dem primitiven Menschen anscheinend, daß das Kultgefäß, wenn möglich, die Gestalt des heiligen Tieres oder gar der Gottheit selbst nachahmen müsse. So wurden vielleicht praepalatiale Rhyta aus Mochlos und Mallia in Form einer Frau — wahrscheinlich der Großen Mutter — mit den Ausflußöffnungen in den Brüsten ursprünglich für Milchopfer gebraucht. Es gibt aber auch Rhyta in der Form eines Stiers oder eines Stierkopfs für die Spende des Blutes des geopferten Rinds, ebenfalls jedoch für die Spende jeder beliebigen anderen Flüssigkeit, wie auch Rhyta in der Form des Kopfes einer Löwin, des heiligen Begleittiers der Göttin, und eines Tritonhorns. Einfacher sind die eiförmigen und konischen Stein- und Tonrhyta. Einen merkwürdigen Eindruck machen dagegen ein Rhyton aus Gurnia in der Form einer schwangeren Frau mit der Ausflußöffnung in der Scham und das subminoische Rhyton in der Form eines Wagens aus Karphi, das durch eine Öffnung im Kopf des Wagenlenkers gefüllt wurde und dessen Ausflußöffnung sich im Maul eines der Rinder befindet, die den Wagen ziehen.

Rätselhaft bleiben die röhrenförmigen Tongefäße aus spätminoischen Heiligtümern, die in ihrer Form und mit ihren Henkeln den Röhren der minoischen Wasserleitungen entsprechen. Diese Gefäße sind manchmal von Schlangenreliefs umgeben, weshalb Evans sie als Behausungen der heiligen Schlange ansah. Miniaturbecher, die an den Seiten einiger Röhrengefäße dieser Gattung sitzen, dienten nach Evans dazu, der Schlange Milch darzubringen. Entsprechende röhrenförmige Gefäße, die im spätminoischen Heiligtum von Gortys gefunden wurden, tragen jedoch Stierkopf- und Wildziegenreliefs. Das beweist, daß die heiligen Tiere, die auf dem Gefäß abgebildet sind, nicht unbedingt in ihm hausten. Wahrschein-

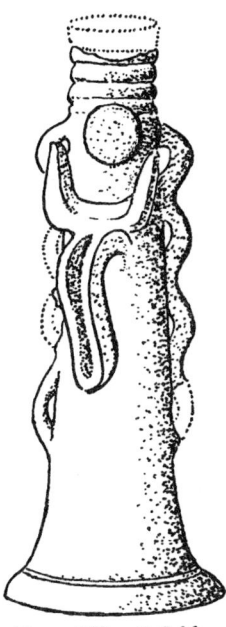

Röhrenförmiges Tongefäß mit Schlangen aus Gurnia

licher ist also, daß die röhrenförmigen Gefäße zur Durchleitung von Flüssigkeitsspenden dienten.

Aus dem Thronsaal von Knossos und aus Gräbern der Palastzeit stammen die brotlaibförmigen Alabastra, niedrige und breite Gefäße aus Ton oder Stein, die durch eine kreisförmige enge Mündung gefüllt wurden. Die sehr schweren Steinalabastra des Thronsaals fand man auf dem Fußboden neben einem Pithos, aus dem sie vermutlich während des Gottesdienstes gefüllt werden sollten. Ihre Form und ihr Gewicht dienten wahrscheinlich dazu, das Umkippen zu verhindern, aber zugleich auch den Eindruck zu erwecken, daß das Trankopfer in Verbindung mit dem Boden bleiben sollte. So war der Opfertisch in Phaistos fest im Erdreich verankert. Auch der große Kernos von Mallia stand immer fest auf dem Boden.

Aus Gurnia und Karphi stammen ziemlich große maßstabgerechte Nachbildungen von Tempeln mit Altären und heiligen Hörnerpaaren. Sie dienten anscheinend als Ständer für heilige Gefäße oder als Behälter für Opfergaben. Kleine Votivnachbildungen von runden Tempeln mit Türen aus postpalatialer und subminoischer Zeit wurden in Knossos, Amnisos, Archanes, Phaistos, Karphi und Kydonia (Chania) gefunden. Der Tempel von Knossos enthält ein Idol der Göttin mit erhobenen Händen. Das protogeometrische Tempelchen aus Archanes enthält ebenfalls ein Idol der Göttin und zeigt auf beiden Seiten des Rauchfangs zwei Gestalten, Begleiter, Wächter oder Adoranten, die vom Rauchfang her in das Innere des Tempelchens blicken.

Gottesdienst und Priesterschaft

Die Gläubigen der minoischen Zeit verehrten ihre Gottheit auf verschiedene Art und Weise. Der Adorant verneigt sich weder vor dem Heiligtum der unsichtbaren Gottheit noch kniet er nieder, sondern er steht aufrecht, kerzengerade, wobei er oft seine geballte Faust an die Stirn preßt. Man hat angenommen, daß diese Haltung den Sinn hatte, die Augen des Sterblichen vor dem Glanz der erscheinenden Gottheit zu schützen. Aber die genauere Betrachtung zeigt, daß diese Geste die Augen nicht bedeckt. Also ist diese Deutung nicht haltbar. Andere kultische Gebärden sind das Erheben und das Ausstrecken der Arme sowie das Kreuzen der Arme über der Brust. Die beiden ersten Gesten können Flehen und Bitten bedeuten, während die letztere sicher zeigt, daß sich der Adorant der Gottheit überantwortet. Diese Gebärden werden aber auch als aufeinanderfolgende Pha-

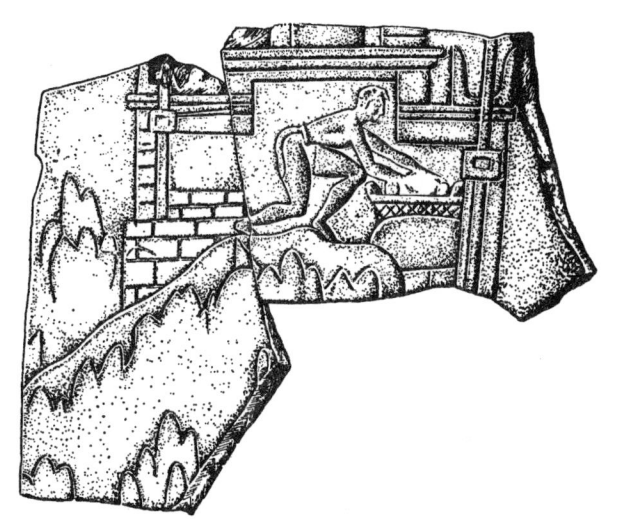

Fragment einer Steinvase aus Knossos. Darstellung des Opfers vor einem Heiligtum

sen eines Bewegungsablaufs gedeutet, bei dem die Arme abwechselnd ausgestreckt und gekreuzt werden.

Die wesentliche Kulthandlung ist, wie schon gesagt, das Darbringen von Speise- und Trankopfern für die Gottheit. Auf dem Fragment eines steinernen Reliefgefäßes aus Knossos ist ein Jüngling abgebildet, der auf den Gipfel eines felsigen Berges kommt, wo sich ein Heiligtum befindet. Der Jüngling setzt vor dem Heiligtum einen Korb mit Früchten nieder. Andere Opfergaben waren sicher Wein und vor allem Honig. Das Honigopfer für die Geburtsgöttin Eileithyia und andere Gottheiten wird auf den Linear B-Täfelchen aus Knossos erwähnt. Man kann leicht verstehen, warum Honig geopfert wird: Um die Geburtswehen zu mildern und die Gottheit zu besänftigen.

Bei den blutigen Opfern wurden sowohl kleine als auch große Tiere geschlachtet. Auf dem Sarkophag von

Siegel aus Knossos. Sitzender Göttin wird ein Opfer dargebracht

Hagia Triada ist ein Stier abgebildet, der auf einem hölzernen Tische festgebunden ist: Das Tier ist bereits getötet, das Blut fließt aus seiner Kehle und wird in einem Gefäß gesammelt, während andere, kleinere Tiere, wahrscheinlich Ziegen und Widder, unter dem Tisch darauf warten, geopfert zu werden. Das Opfer geschieht beim Klang einer Flöte. Anschließend wird das Blut in Gefäßen fortgebracht, durch deren Henkel ein Stab geschoben ist, den eine Frau auf der Schulter trägt. Die Priesterin übernimmt die Gefäße und entleert sie in einen größeren Kübel, der zwischen zwei Doppeläxten steht. Sicher ist dies der Höhepunkt, der heiligste Augenblick des blutigen Opfers. Ihn begleitet der Klang einer siebensaitigen Lyra. In anderen Fällen, wie im Heiligtum des Hohenpriesters in Knossos, konnte das Blut oder eine andere Opferflüssigkeit in eine Vertiefung des Bodens geschüttet werden, wo sie dann in einer Rinne weitergeleitet wurden.

Auf Grund von Parallelen in anderen Religionen ist es wahrscheinlich, daß die Gläubigen, die beim Opfer anwesend waren, einen Teil vom Körper des heiligen Tieres erhielten. Die Häute der geopferten Tiere wurden im Heiligtum dargebracht, und dies ist das Thema der Szene, die auf dem Reliefbecher von Hagia Triada abgebildet ist. Es ist ebenfalls wahrscheinlich, daß während

Darbringung eines Blutopfers bei Kitharaspiel. Auf dem Sarkophag von Hagia Triada

des Opfers gemahlenes Getreide auf den Kopf des Schlachtopfers gestreut wurde, wie es Homer beschreibt. So könnte das Vorhandensein steinerner Mörser im Heiligtum von Phaistos nahe der Opferstätte gedeutet werden.

Freilich bestand in diesen uralten Kulten eine Austauschbarkeit zwischen dem Gegenstand und seinem Abbild. So konnte der Adorant statt eines wirklichen Tieres ein kleines Abbild aus Ton oder Bronze opfern. Auf diese Art erklärt sich die Menge von Tierstatuetten, die wir in den minoischen Heiligtümern unter freiem Himmel gefunden haben. Die Weihung eines Idols des Gläubigen selbst in kultischer Haltung hatte die Bedeutung seiner ständigen Gegenwart im Heiligtum. Nicht nur das Idol, sondern auch der Mensch kam so unter den ständigen Schutz der Gottheit. Die Adoranten der minoischen Zeit weihten in den Heiligtümern auch tönerne Nachbildungen von Gewändern, Gürteln und Thronsesseln oder Sänften der Göttin und ebenso kleine Nachbildungen der Heiligtümer und Altäre. Das Opfer eines kleinen mit Hörnerpaaren bekrönten Tonheiligtums war eine fromme Handlung mit der gleichen Bedeutung wie die Erbauung eines wirklichen Heiligtums.

Eine andere Manifestation der kultischen Verehrung der Gottheit stellte sicherlich der Tanz dar. Schon auf einer protopalatialen Fruchtschale aus Phaistos sind Tänzerinnen zu beiden Seiten einer Göttin abgebildet, die Blumen in den Händen hält. Eine ähnliche Szene wird auch auf der Innenseite eines offenen, flachen, ebenfalls aus Phaistos stammenden Gefäßes dargestellt. Eine Tonfigurengruppe aus dem Grab von Kamilaris zeigt vier männliche Gestalten, die einander die Hände auf die Schultern gelegt haben und einen Rundtanz tanzen. Die sakrale Bedeutung der Darstellung wird durch das Vorhandensein von Hörnerpaaren auf der Basis der Gruppe hervorgehoben. Aus Palaikastro stammt eine postpalatiale Darstellung eines ähnlichen Rundtanzes: Drei Tonfiguren tanzen in weiblicher Kleidung um eine mittlere Gestalt, die die Lyra spielt. Tanzdarstellungen kommen auch auf Ringen, Siegeln und Siegelabdrücken vor. Auf dem Goldring von Isopata vollführen Frauengestalten mit bloßer Brust, sicher Priesterinnen, tänzerische Bewegungen zu Ehren der erscheinenden Gottheit. Tänze von Priesterinnen fanden auch in den heiligen Ölbaumhainen statt, wie das berühmte Wandgemälde aus Knossos zeigt. Sakralen Charakter hat vielleicht auch die Darstellung einer Tänzerin mit flatternden Locken auf einem Wandgemälde im Gemach der Königin.

Zwischen den Adoranten und der Gottheit vermitteln der Priester und die Priesterin. Sie unterscheiden sich von den gewöhnlichen Adoranten durch ihre Kleidung. Auf dem Sarkophag von Hagia Triada erscheinen die Priesterinnen und Priester von der Taille an abwärts mit Tierfellen bekleidet. Das Fell eines Panthers oder eines Leoparden trugen auch in Ägypten die Priester,

Siegelabdruck aus Zakros mit einer hirschköpfigen dämonischen Figur

hauptsächlich diejenigen, die die kultischen Handlungen bei der Bestattung der Toten versahen. Das Fell, überall Kleidungsstück der primitiven Völker, hielt sich vielleicht im Kult einfach aus Gründen der Tradition. Die Tatsache aber, daß auf dem Sarkophag von Hagia Triada auch der Tote ganz in ein Tierfell eingehüllt ist, scheint zu beweisen, daß sich im minoischen Totenkult Reste totemistischer Vorstellungen erhalten haben.

Eine andere Deutung ist ebenfalls möglich: Wahrscheinlich hat der Gebrauch von Tierfellen als priesterliches Gewand seinen Ursprung in der Verkleidung, d. h. im Auftreten der Priester in der Gestalt von Tieren oder Dämonen und mythischen Wesen. Ein Ziel der Verkleidung ist in primitiven Kulten die Ausübung eines magischen Zwanges auf die Vegetationsdämonen, damit sie Fruchtbarkeit bringen. In dem späten Hymnos von Palaikastro, in dem sicher alte kultische Vorstellungen nachklingen, wird das „Größte Kind" um alljährliche Wiederkehr angerufen: Durch seine Ankunft würden die Äcker Frucht tragen und sich die Herden der Schafe mit der schönen Wolle vermehren. Der Gott kehrt zurück als „Anführer der Dämonen".

Die Priester und ganz allgemein die Personen, die am Kult beteiligt sind, treten oft in eigenartigen Gewändern orientalischer Herkunft auf, die aus schrägen Streifen zusammengesetzt sind. Manchmal tragen diese Per-

Siegel aus Vaphio. Zwei Fruchtbarkeitsdämonen mit Trankopfervasen

sonen auf ihren Schultern einschneidige Äxte syrischen Typs, die zweifellos bei den Opfern benutzt wurden. Steinhämmer mit zwei Köpfen, die in den Tempeldepots von Zakros gefunden wurden, stellen sehr wahrscheinlich Symbole priesterlicher Würde dar. Besonders bedeutsam ist das Steinzepter aus Mallia, das auf der einen Seite die Gestalt einer Axt und auf der anderen die eines Panthers hat. Bänder, die an den Kleidern hängen, zeigen ebenfalls, daß bestimmte Personen entweder zur Priesterschaft gehören oder aushilfsweise bei den rituellen Handlungen mitwirken. Eine besondere Kategorie bilden die Priester und Musikanten in langen Frauengewändern. Dieser Brauch gab Anlaß zu der Vermutung, daß in den minoischen Palästen vielleicht unter syrischem Einfluß Gruppen von Eunuchenpriestern vorhanden waren. Vergleichbar sind in späterer Zeit auch die Eunuchenpriester der Kybele und des Attis in Kleinasien.

Aufgaben der Priesterschaft waren sicher die Darbringung der Opfer und der Flüssigkeitsspenden, ebenso

23a. Linear A-Tafel aus Hagia Triada

23b. Linear B-Tafel aus Knossos

24. Der Thronsaal. Knossos

25. Die Westmagazine. Knossos

26. Säulenhalle des Großen Treppenhauses. Knossos

Siegel aus der Idäischen Höhle. Priesterin mit einer Tritonschnecke

die Verrichtung von Gebeten und das Singen von Hymnen zu Ehren der Gottheit. Bei religiösen Festen, die vor einer großen Menge unter freiem Himmel stattfanden, gebrauchten die Priester anscheinend die Schale der Tritonshörner (= Trompetenschnecken), um ihre Stimme zu verstärken. Es verdient Beachtung, daß das Tritonshorn noch bis vor wenigen Jahren in Kreta von Feldwächtern, Landbriefträgern und Hirten als Trompete und Megaphon benutzt wurde. In gleicher Weise machte man von dieser Schneckenschale in minoischer Zeit Gebrauch: Auf einem Siegel ist eine Priesterin abgebildet, die vor einem mit Hörnerpaaren bekrönten und mit Zweigen geschmückten Altar steht und die Schale eines Tritonshornes an den Mund hält. Dieser Gebrauch der Tritonshörner erklärt vielleicht ihr häufiges Vorkommen in den minoischen Heiligtümern. Fast immer ist von den gefundenen Schalen der Tritonshörner das spitze Ende abgebrochen. Wegen ihrer Verwendung beim Gottesdienst gewannen die Tritonshörner kultische Bedeutung: Es gibt sakrale Gefäße und Rhyta in der Form eines Tritonshornes.

Beschwörungen gehörten ebenfalls zu den Aufgaben der Priester. Der Ruf der Wirksamkeit kretischer Exorzismen gegenüber Krankheiten und anderen Übeln reichte bis nach Ägypten. Auf einem ägyptischen Papyrus des 14. Jh. v. Chr. ist eine medizinische Beschwörungsformel erhalten, die in der Sprache der „Keftiu" geschrieben ist. Sicher existierten auch Beschwörungsformeln gegen böse Geister, und wahrscheinlich gehören zu dieser Gattung die mysteriösen Worte, die in das Innere von zwei Bechern aus Knossos geschrieben sind: Wenn der Becher auf den Kopf gestellt wurde, sollte die magische Kraft des Spruches den bösen Geist bannen.

Eine weitere kultische Handlung war das Opfern von Weihrauch durch den Priester. Weihrauchgefäße wurden in einigen Heiligtümern ebenso wie in Gräbern gefunden.

Das Stierspringen und andere Feste

Von den minoischen Festbräuchen haben wir schon die Feuer erwähnt, die auf den Gipfeln der heiligen Berge an bestimmten bedeutenden Tagen des Jahres angezündet wurden. Eine andere rituelle Handlung war das Schaukeln. Man benutzte dazu eine Schaukel, d. h. Seile, die zwischen Bäumen oder Säulen angebunden waren. Ein entsprechendes Schaukeln gibt es auch in anderen Volkskulten. So ist das heilige Schaukeln der Inder und das der heutigen Griechen in ländlichen Gebieten bekannt. Den heiligen Charakter der Schaukel in der minoischen Zeit zeigt eine Tonnachbildung aus Hagia Triada: Eine weibliche Gestalt, vielleicht eine Priesterin, schaukelt zwischen zwei Säulen, auf die sich Tauben gesetzt haben.

Wir wissen nicht sicher, an welchen Tagen des Jahres die Menschen des minoischen Kreta ihre großen Feste begingen. Wenn man nach den Gegebenheiten der ägyptischen Religion und anderer Religionen urteilt, dann wären die Jahres- und Monatsanfänge sowie der Jahrestag großer mythischer Ereignisse wie der Geburt, des Todes, der Auferstehung und des Siegs der Gottheit Anlaß für Feste gewesen, für frohe oder traurige, je nach dem gefeierten Ereignis.

Zweifellos hatten die Wettspiele mit dem Stier, die nach Persson einen Teil des Frühlingsfestes bildeten, heiligen Charakter. Diese Wettspiele wurden Stierkämpfe genannt in Analogie zu den spanischen Stierkämpfen. In Wirklichkeit fand aber bei den kretischen Stierspielen kein Kampf mit dem Stiere statt, und das Turnier endete auch nicht mit seiner Tötung, obgleich der Stier sicherlich in einer besonderen Zeremonie nach den Wettkämpfen geopfert wurde.

Bei den kretischen Stierspielen packten trainierte junge Männer und Mädchen den Stier bei den Hörnern und führten verschiedene gefährliche Sprünge mit Salto über seinem Rücken aus. Dieses Wettspiel hatte seinen Ursprung wahrscheinlich in dem Versuch, den wilden Stier zu fangen, der in den Gebirgen Kretas lebte. Die Wettspiele, die mit den gefangenen Stieren in der Arena stattfanden, wiederholten möglicherweise die Szene des Fangens. Die Wettkämpfer erschienen immer ohne Waffen, während in Stierfangszenen die Beteiligten Lanzen und Netze tragen. Diese unblutigen Stierspiele leben noch in bestimmten Gegenden des Mittelmeerraumes weiter, z. B. in Südfrankreich, wo das Rind nur gereizt, jedoch nicht getötet wird. Es scheint aber, daß auch die spanischen Stierkämpfe auf eine sehr alte religiöse Tradition zurückgehen, die nicht nur vielen Ländern des Mittelmeerraumes gemeinsam ist, sondern im Osten bis in das Industal reicht.

In klassisch-griechischer Zeit wurden ähnliche Wettkämpfe in Thessalien, Smyrna, Sinope und in Karien veranstaltet. Die berühmtesten dieser Wettkämpfe waren die thessalischen „Taurokathapsia", an denen Männer auf Pferden beteiligt waren.

An den Stierspielen des minoischen Kreta, die sicherlich zuweilen für die Athleten tödlich endeten, nahmen anscheinend auch junge Leute vom griechischen Festland teil. Vielleicht gab das den Anlaß für den Mythos, daß in bestimmten zeitlichen Abständen sieben junge Männer und sieben Mädchen aus Attika dem Minotaurus zum Fraß geschickt wurden.

Darstellungen von Stierkämpfen besitzen wir auf Wandgemälden aus Knossos und Mykene, ebenso auf steinernen Reliefgefäßen und auf vielen Siegeln und Siegelabdrücken.

An den Festtagen fanden aber auch andere athletische Wettkämpfe statt. So sind auf einem Reliefrhyton aus Hagia Triada, auf manchen Siegelabdrücken und auf einem Miniaturfresko aus Tylissos Boxkämpfe abgebildet: Männer mit Handschuhen und einem Helm, der den Kopf vor Faustschlägen schützt, kämpfen gegeneinander. Wir wissen nicht, ob diese Wettkämpfe irgendwie bestimmte sakrale Bedeutung hatten oder ob sie nur eine Vorführung anläßlich des Festes waren. Es ist jedenfalls charakteristisch, daß in Ägypten ähnliche Wettkämpfe als Wiederaufführung des Sieges des Osiris über seine Gegner stattfanden. Ringkämpfe wurden zuweilen auch auf orientalischen Siegelzylindern abgebildet.

Üblich waren an Festtagen außerdem Prozessionen von Priestern, Musikanten und anderen Personen, die mit dem Kult zu tun hatten. Eine Prozession, die im Zusammenhang mit einem ländlichen Kult steht, ist auf dem bereits beschriebenen Rhyton aus Hagia Triada abgebildet. Die Männer, die an der Prozession teilnehmen, tragen keine Weidenzweige zur magischen Herbeirufung des Regens, wie Forsdyke annahm, sondern Werkzeuge zum Ernten und Worfeln des Getreides. Die religiöse Bedeutung der Darstellung wird durch die Anwesen-

Fragment einer Steinvase aus Knossos. Prozession in Reliefdarstellung

heit von Sängern und eines Priesters angezeigt, der das Sistrum ertönen läßt, das Instrument des ägyptischen Isiskultes. Der Gebrauch des Sistrums bedeutet jedoch nicht unbedingt, daß derjenige, der es trägt, ägyptischer Priester ist, wie man gesagt hat. Die Männer schreiten paarweise, das Tempo des Marsches ist schnell, nicht feierlich wie in anderen Fällen. Man bekommt den Eindruck, daß die Träger der Werkzeuge Arbeiter sind, die sich auf die Felder begeben oder von ihnen zurückkehren. Ein Gottesdienst und ein für die Gottheit gesungener Hymnus bereiten das große Ereignis der Getreideernte vor oder schließen es ab. Das Getreide war eng mit den chthonischen Mächten und im besonderen mit den sterbenden und wiederauferstehenden Vegetationsgottheiten verbunden.

Es fanden aber auch Prozessionen statt, bei denen Priester, Priesterinnen und einfache Adoranten schweigend einhergingen und in ihren vorgestreckten Händen Spendengefäße trugen. Eine Prozession dieser Art ist auf einem Reliefgefäß aus Knossos abgebildet. Offenbar begibt sich die Prozession zu einem Heiligtum oder einem Altar, wo das Opfer stattfinden soll. Nach Evans wurden an hohen Festtagen auch die heiligen Geräte gezeigt, die sonst in den Krypten der Heiligtümer verwahrt waren und gewöhnlich nur von der Priesterschaft gesehen werden konnten. Dies ist das Thema des großen Prozessionsfreskos aus dem gleichnamigen Korridor des Palastes von Knossos. Junge Männer, die wahrscheinlich zum Gefolge des Priesters gehören, schreiten einher und bringen wertvolle Gefäße und Rhyta. An der Prozession nehmen auch Gestalten in langen weiblichen Kleidern teil, wahrscheinlich Musikanten, und eine Priesterin, die vielleicht die Rolle der Göttin spielt. Wenn auch Feste dieser Art dem Volk sicherlich die Gelegenheit boten, den Inhalt der heiligen Schatzkammern zu bewundern, so scheint es doch, daß dies nicht der einzige Zweck des Vorbeizugs war. Sehr wahrscheinlich wurden nicht nur die heiligen Geräte gezeigt, sondern man brachte den Gottheiten auch Opfer und Trankspenden dar. Zuweilen hatten die Vorüberziehenden leere Hände, die sie nur in der charakteristischen kultischen Haltung vorstreckten.

Wir kennen aus Ägypten entsprechende religiöse Bräuche. Dort wurde das Kultbild der Gottheit — gewöhnlich aus Holz und von geringer Größe, damit man es leicht transportieren konnte — von Tempel zu Tempel oder sogar von Stadt zu Stadt getragen. Dabei hatte man die Vorstellung, daß ein Gott den anderen besuche. Das Herumtragen des Idols bezweckte vielleicht (wie im christlichen Volksglauben das Herumtragen der Ikone) die Bildung eines magischen Schutzkreises um die Siedlung. Ein ähnliches Herumtragen geschah sicher auch in Kreta, wie die tönerne Nachbildung einer Sänfte aus Knossos zeigt. Personen oder auch Figuren, die die Gottheit darstellten, wurden in hölzernen Tragsesseln von Männern auf der Schulter durch die Stadt getragen. Für diese Zeremonie und für kultische Prozessionen überhaupt benutzte man nach Evans die sog. Prozessionswege, d. h. schmale, gepflasterte Wege, deren Niveau sich über dem übrigen Pflaster des Platzes oder der Straße befand. Ein Prozessionsweg dieser Art verbindet den Hauptpalast mit dem Kleinen Palast von Knossos. Vielleicht besuchte, wie Evans vermutete, die Göttin vom Kleinen Palast aus am festgesetzten Tag den Hauptpalast, wo das Volk und die königliche Familie sie auf der Treppe des Theaterplatzes erwarteten.

Goldring aus Mochlos. Die Fruchtbarkeitsgöttin in ihrem Boot

Es ist für ein Seefahrervolk, wie es das minoische war, nicht merkwürdig, daß bestimmte Riten im Zusammenhang mit dem Wasser standen. Wir haben entsprechende Vorbilder in Ägypten, wo Idole mit Schiffen auf dem Nil herumgefahren, manchmal aber auch auf dem Lande in Sänften herumgetragen wurden, die die Gestalt eines

Schiffes hatten. Auf ihm stand ein hölzernes, tragbares Tempelchen mit dem Idol des Gottes. Der Sonnengott wurde abgebildet, wie er in einem kleinen Tempel auf seinem Schiff sitzt, das den Ozean des Himmels durchfährt. Ebenso kennen wir Abbildungen des auf dem Meer fahrenden Sonnengottes von sumerischen und akkadischen Siegelzylindern. Es scheint, daß die Form des liegenden Halbmondes in Mesopotamien nicht nur die Vorstellung einer hörnertragenden Gestalt hervorrief, sondern auch die eines Schiffes, das am Himmel fährt. Der Mondgott Sin oder Nanna wird „leuchtendes Himmelsschiff" genannt. Es ist wahrscheinlich, daß sich entsprechende Vorstellungen auch im ägäischen Bereich entwickelten.

Sicher fanden in Kreta auch Meeresfeste und Kulthandlungen in Heiligtümern statt, die nahe am Meer oder auf Inseln lagen. Es ist charakteristisch, daß eine vorgriechische Vegetationsgöttin, nämlich Ariadne, nach der ältesten bekannten Version des Mythos, die Homer überliefert hat, nach der Insel Dia entführt wurde und dort starb. Auf dem goldenen Ring aus Mochlos ist eine fahrende Göttin abgebildet: Auf dem Schiff steht ein kleines Heiligtum mit einem Baum. Handelt es sich hier um die Fahrt eines entwurzelten heiligen Baumes oder Zweiges, oder wird durch ihn symbolisch angedeutet, daß die fahrende Göttin die scheidende oder wiederkehrende Vegetationsgöttin ist? Bemerkenswert ist, daß auch im Orient der fahrende Sonnengott mit der Vegetation zusammenhängt und daß Pflanzen auf den betreffenden Darstellungen mit abgebildet sind. Jedenfalls ist es kein Zufall, daß diese schöne minoische Darstellung der Seefahrt einer Gottheit aus einer Siedlung am Meer stammt.

Auf dem goldenen „Ring des Minos" aus Knossos ist ähnliches zu sehen: Er zeigt Heiligtümer am Meer oder kleine Inseln mit heiligen Bäumen und eine Göttin, die zwischen den Inseln in einem Boot umherrudert. Auf dem Schiff ist ein Altar aufgestellt, der von Kulthörnern bekrönt ist. Die Entführung und Flucht eines göttlichen Paares werden auf anderen kreto-mykenischen Goldringen abgebildet.

Goldring vom Hafen von Knossos. Abreise eines göttlichen Paares

Totenkult

Es scheint, daß die Bevölkerung von Kreta schon in neolithischer und praepalatialer Zeit an eine Art Leben nach dem Tode glaubte. In den Felshöhlen und Tholosgräbern legte man bei den Begräbnissen nicht nur Gefäße mit verschiedenen Nahrungsmitteln, wie Fleisch, Muscheln und Oliven nieder, sondern auch Geräte des täglichen Lebens, wie Rasierklingen aus Obsidian, Steinäxte, Mühlsteine und Hämmer, später Waffen aus Bronze, Schmuck und Siegel. Schon in der frühen praepalatialen Periode gab man außerdem Kultgeräte in die Gräber mit, z. B. tönerne Kernoi, zoomorphe Gefäße und Idole der Göttin. Das Vorhandensein der Idole ist wahrscheinlich der Vorstellung zuzuschreiben, daß nicht nur die Geräte des täglichen Lebens, sondern auch die Kultgegenstände ihrem Besitzer an seinen neuen Aufenthaltsort folgen sollten. Vielleicht weisen die Idole darüberhinaus darauf hin, daß eine besondere Verbindung zwischen der Welt der Toten und der Göttin bestand. Sie war, wie schon gesagt, hauptsächlich eine chthonische Göttin und sehr wahrscheinlich in einer ihrer Erscheinungsformen auch eine sterbende Göttin. Spuren überaus heftiger Feuer können in protominoischen Gräbern häufig beobachtet werden. Einige Gelehrte nehmen an, daß das Anzünden dieser Feuer zu den Bestattungsriten gehörte. Wenn ihr Zweck dagegen die Verbrennung von Überresten vorhergehender Bestattungen war, würde das bedeuten, daß man dem Toten nach der Auflösung seines Körpers geringere Bedeutung zumaß.

Seit dem Ende der praepalatialen Periode gibt es klare Beweise für einen Totenkult. Er manifestiert sich in Opfern, die unabhängig von der Bestattung an besonderen Plätzen außerhalb des Grabes stattfanden. Die Toten erhielten nicht nur Speisen und Geräte, die im Augenblick der Bestattung in das Grab mitgegeben wurden, sondern man brachte ihnen, sicher an bestimmten Tagen, weitere Opfer in der Form dar, die dem Kult der Gottheit entsprach. Charakteristisch sind außer den steinernen Kernoi die umgestülpten Libationsbecher. Diese Opfer setzen voraus, daß der Tote die Lebenden weiter braucht, aber auch, daß er nützlich oder schädlich wirken kann. Die Toten konnten vielleicht besonders den Ernteertrag beeinflussen, da sie mit den chthonischen Vegetationsmächten verbunden waren. So ergibt sich schließlich die Notwendigkeit, den Toten gnädig zu stimmen und ihm kultische Verehrung zu erweisen.

Von großem Interesse ist ein Gegenstand aus dem Kuppelgrab von Kamilari bei Phaistos, der beweist, daß es schon am Anfang der neopalatialen Periode üblich war, dem Toten göttliche Ehren zu erweisen. Ein kleines Tonmodell eines rechteckigen Gebäudes — das entweder Haus oder Heiligtum ist — mit zwei Säulen an der offenen Vorderseite enthält eine Gruppe von vier Personen. Sie haben auf getrennten Sitzen vor Opfertischen Platz genommen. Adoranten, die das Heiligtum betreten, tragen Becher, von denen sie schon zwei auf den Opfertischen abgestellt haben. Wahrscheinlich sind die vier Sitzenden heroisierte oder vergöttlichte Tote. Natürlich ist es nicht ausgeschlossen, daß diese Gruppe eine Szene aus einem Götterkult darstellt. Aber auch in diesem Falle beweist ihr Vorhandensein in einem Grabe eine Beziehung zwischen der Gottheit und dem Toten. Ein anderer Gegenstand aus demselben Grabe stellt ein konventionelles rundes Gebäude dar, sicher ein Kuppelgrab, in dem beiderseits eines niedrigen Tisches zwei Personen sitzen: Wahrscheinlich handelt es sich um ein Totenmahl. In der Tür des Gebäudes steht eine Figur, die die Szene beobachtet. Es ist vielleicht der Adorant, der das Mahl darbringt.

Häufig begegnen uns in den Gräbern der neopalatialen Periode Opfertische und dreifüßige Altäre, die denen entsprechen, die in den Heiligtümern benutzt wurden, außerdem kultische, beutelförmige Alabastra, Spendekannen und Gefäße mit achtförmigen Henkeln — zuweilen mit apotropäischen Motiven, wie Schilden und Helmen geschmückt — sowie Räuchergefäße. Letztere hatten nicht nur einen kultischen, sondern auch einen praktischen Zweck: Die Verbrennung von Weihrauch und aromatischen, harzigen Stoffen machte den üblen Geruch etwas erträglicher, den die älteren Überreste in den Gräbern verbreiteten. Die Geräte, die Holzkohle enthielten, — Räuchergeräte und Dreifußherde — sollten nach Evans außerdem den Toten wärmen. Zuweilen findet man in den Gräbern auch kleine kultische Kännchen. Im Gegensatz zum griechischen Festland sind auf Kreta Idole aus Gräbern in der neopalatialen Periode selten. Einige der aus dem Fels gehauenen Kammergräber haben eine intensiv blau gefärbte Decke, die das Himmelsgewölbe symbolisieren sollte. So konnte der Tote sich noch den schönen blauen Himmel der irdischen Welt ansehen. Dieselbe Farbe erscheint auch auf Teilen des Bodens und an Grabgeräten, an Räuchergefäßen und Dreifußaltären, zuweilen waren auch die hölzernen Sarkophage blau gefärbt.

Bei neuen Bestattungen gab man in der Regel wenig acht auf die vorherigen Besitzer des Grabes. Zuweilen allerdings wurden ihre Knochen gesammelt und in eine kleine Vertiefung getan, die man in den Boden grub. Zusammen mit den Knochen wurden in der Grube auch die wertvollsten Schmuckstücke des Toten und seine Siegel versteckt, um sie vor dem Risiko der Plünderung zu schützen. Auf die Grube stellte man einen dreifüßigen Opfertisch. Die Bänke, die in die *Dromoi* (das sind die Durchgänge, die zu den jeweiligen Grabkammern führen) der neopalatialen Gräber hineingehauen waren, dienten wahrscheinlich als Sitze für die Teilnehmer an den Feierlichkeiten, die vor dem Grab selbst stattfanden. Aus den Dromoswänden herausgehauene Nischen dienten anscheinend zur Aufstellung von Gefäßen mit Trank- oder Speiseopfern für den Toten.

Rein kultische Motive, die auf den Sarkophagen erscheinen, bestätigen den Zusammenhang zwischen der göttlichen Welt und der Welt der Toten. Es ist jedoch nicht ganz gewiß, ob mit diesen Darstellungen die Göttlichkeit der Toten verherrlicht oder nur der Schutz der Gottheit für sie erwirkt werden sollte. So sind Doppeläxte und heilige Hörnerpaare auf den Larnakes aus Athanatoi bei Herakleion abgebildet, dieselben Motive und darüber hinaus Greifen erscheinen auf einem Tonsarkophag aus Palaikastro. Reliefbukranien schmücken eine Larnax aus Episkope bei Hierapetra. Eine priesterliche Gestalt, die ein langes Gewand aus schrägen Streifen trägt, ist auf einem Sarkophag aus Vatheianos Kampos abgebildet. Die Gestalt hebt die Hände in der charakteristischen Gebets- oder Segnungshaltung der zeitgenössischen Idole in die Höhe. Sie stellt einen Priester dar, der Fürbitte für den Verstorbenen leistet, oder vielleicht den Schutzgott des Verschiedenen. Auf einer Larnax aus Milatos kommt eine Gestalt mit im Winde wehenden Haaren vom Himmel, um aus einer großen Amphore zu trinken. Es handelt sich hier also um ein Trankopfer. Wir wissen aber nicht, ob die Gestalt, der das Trankopfer gilt, die Seele des Toten ist oder eine Göttin, die gnädig gestimmt werden soll, damit sie ihn aufnimmt und erlöst.

Wahrscheinlich hing der Grad der religiösen Ehren, die den Toten zuteil wurden, von ihrer Würde und Stellung zu ihren Lebzeiten ab. Es war natürlich, daß Könige und Prinzen, die in ihrem Leben als Verwandte der Gottheit oder ihre Verkörperung galten, nach dem Tode göttlicher Ehren teilhaftig wurden. Dieses enge Verhältnis zwischen Gottheit und Toten ist auf sehr schöne Weise auf dem einzigartigen steinernen Sarkophag von Hagia Triada abgebildet, der sicher einem angesehenen Toten gehörte.

Auf diesem Sarkophag kann man nach Matz zwei Kultbereiche unterscheiden: Der eine wendet sich an die Gottheit und der andere an den Toten. Aber sicher besteht eine enge wechselseitige Beziehung zwischen ihnen. Im ersten Bereich finden — wie bereits beschrieben — eine Prozession von Priestern und Musikanten sowie die Opferung eines Stieres statt, ferner die Darbringung von Früchten und einer Trankspende vor einem Altar, zwei Doppeläxten und einem heiligen Baum in einer Einfriedung. Etwa den Mittelpunkt dieser Darstellung (wenn wir sie uns abgerollt vorstellen) bilden zwei Göttinnen, die auf einem Wagen, der von Greifen gezogen wird, zum Heiligtum kommen. Doppeläxte begrenzen das Heiligtum zu beiden Seiten. Zum Bereich des Totenkultes gehört eine Prozession, die sich in entgegengesetzter Richtung bewegt. Die Männer, die daran teilnehmen, tragen unterhalb der Taille Felle und bringen Tiere, vielleicht Kälber, zu einer Person, die hinter einem Stufenaltar und einem heiligen Zweig steht. Weiter hinter dieser Gestalt ist entweder der Sarkophag selbst oder ein Tempelchen abgebildet. Die Gestalt, auf die diese Prozession zugeht, ist ganz in ein Tierfell eingehüllt. Wir können also annehmen, daß sie den Toten darstellt. Es gibt dafür noch einen anderen Hinweis: Diese Gestalt steht auf einer niedrigeren Ebene als die anderen Gestalten und macht den Eindruck, daß sie aus dem Erdinnern heraufkommt. Wird so also die Auferstehung des jungen Vegetationsgottes dargestellt, mit dem der in dem Sarkophag beerdigte angesehene Tote identifiziert worden ist, wie alle Toten in Ägypten mit Osiris identifiziert wurden? Und ist darüber hinaus diese Auferstehung des Toten oder des Gottes das Ergebnis der belebenden Blutspende und der anderen rituellen Praktiken, die auf dem Sarkophag abgebildet sind? Die Darstellung des heiligen Baumes und des heiligen Zweiges und auch das dichte Blätterwerk, das zwei Stiele der Doppeläxte umgibt, beweisen jedenfalls, daß die ganze Szene eng mit dem Vegetationskult verbunden ist.

Es existiert aber auch eine andere Deutung: Der Tote ist für den Trauergottesdienst aufgerichtet worden, der der Beerdigung nach ägyptischer Sitte vorausgeht. Man nahm außerdem an, daß die auf den Doppeläxten sitzenden Vögel nicht, wie üblich, die Epiphanie der Gottheit symbolisieren, sondern die anwesende Seele des Toten und daß die Göttinnen, die auf dem Wagen mit den geflügelten Greifen fahren, gekommen sind, um den Toten zu begrüßen und ihn in das Jenseits zu geleiten.

Zum Totenkult gehörten auch Tänze, wie die Nachbildung einer Gruppe von Tänzern aus dem Grab von Kamilari beweist, und Wagenrennen: Von Pferden gezogene Wagen erscheinen auf dem Sarkophag von Hagia Triada und auf Tonsarkophagen aus Zapher Papura und Episkope bei Hierapetra. Die Wagenrennen zu Ehren des toten Helden Patroklos, die Homer in der Ilias beschreibt, bilden also einen Nachklang der kreto-mykenischen Überlieferung.

Es ist besonders bedeutsam, daß auf den Darstellungen des Sarkophags von Hagia Triada ein Teilnehmer aus der Totenprozession dem Verstorbenen ein Boot oder die Nachbildung eines Bootes bringt. Das kann wiederum auf ägyptischen Einfluß zurückgehen: In Ägypten wurden richtige Boote in die Gräber der Könige und Nachbildungen von Booten in die Gräber der gewöhnlichen Toten gesetzt; man glaubte nämlich, daß die Toten ihrer bedürften, um zu den Inseln der Seligen zu reisen oder um die Sonne auf ihrer Reise durch den Ozean des Himmels zu begleiten. Ähnliche Glaubensvorstellungen hatten anscheinend auch die minoischen Kreter: Die Idee von den elysischen Gefilden, wo nach Homer

> *nicht Regen noch Schnee, noch je ein heftiger Sturmwind,*
> *sondern Okeanos stets des lieblich tönenden Zephyrs*
> *Wehen aufwärts sendet*[1] *...,*

hat sicher ihren Ursprung im vorgeschichtlichen Kreta, da sie der Sitz von Rhadamanthys, einem kretischen König und Bruder des Minos, sind, und da ein Seefahrervolk wie die Minoer sehr wohl sein Paradies jenseits der Meere an die äußersten Grenzen der Erde verlegen konnte.

Es ist nicht bekannt, ob die Minoer entsprechend diesem Glauben an eine zukünftige Glückseligkeit auch an eine Vergeltung des Bösen in einem zukünftigen Leben der Qualen glaubten, wie es Homer im 11. Buch der Odyssee beschreibt. Es ist ebenfalls nicht bekannt, bis

---

[1] Deutsch von Thassilo von Scheffer.

zu welchem Grade sie das Weiterleben der Toten in einer vom Körper unabhängigen Gestalt außerhalb des Grabes für möglich hielten. Man meint, daß der Schmetterling, der unter den Motiven der kreto-mykenischen Kunst erscheint, die Seele des Toten symbolisiert. Seine Darstellung auf den goldenen Waagschalen aus einem Grab von Mykene ist vielleicht ein Hinweis darauf, daß die Ägäer zumindest in der mykenischen Epoche an die „Psychostasie" glaubten, an das Wägen der Seelen, das ihr Schicksal nach dem Tode entschied. So glaubten auch die Ägypter seit ältesten Zeiten, daß die Toten von Osiris gerichtet würden und daß dabei ihr Herz gewogen würde, um festzustellen, ob sie die Wahrheit gesprochen hätten und gerecht gewesen seien. Bronzene Waagschalen hat man auch in Kreta in Gräbern der spätminoischen Zeit gefunden.

Der „Ring des Nestor"

Schmetterlinge sind auf einer bronzenen Doppelaxt aus Phaistos abgebildet und auf dem Prinzenfresko aus Knossos, das deshalb als Darstellung einer göttlichen Gestalt gedeutet wird, die in einem elysischen Gefilde zwischen den Seelen umherwandelt. Es gibt auch einen schönen Schmetterling aus Elfenbein, der in Zakros zu-

27. Theater, Westhof und Westpropylon.
Palast von Phaistos

28. Der Nordflügel vom Zentralhof aus. Phaistos

KARTE VON KRETA

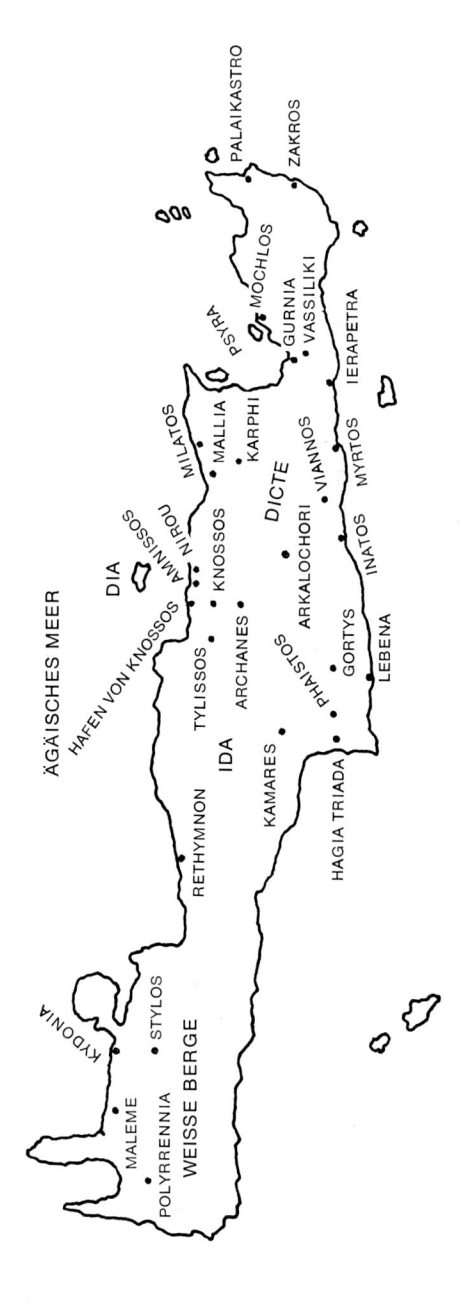

ÄGÄISCHES MEER

LIBISCHES MEER

KYDONIA
MALEME
POLYRRENNIA
STYLOS
WEISSE BERGE
RETHYMNON
IDA
KAMARES
HAGIA TRIADA
HAFEN VON KNOSSOS
DIA
AMNISSOS
NIROU
TYLISSOS
KNOSSOS
ARCHANES
PHAISTOS
GORTYS
LEBENA
MILATOS
MALLIA
KARPHI
DICTE
ARKALOCHORI
VIANNOS
INATOS
MYRTOS
PSYRA
MOCHLOS
GURNIA
VASSILIKI
IERAPETRA
PALAIKASTRO
ZAKROS

sammen mit kleinen Doppeläxten und heiligen Knoten aus demselben Material gefunden wurde. Dies Motiv fehlt auch nicht auf den berühmten, aus der gleichen Gegend stammenden Siegelabdrücken mit den Dämonengestalten.

Schmetterlinge und Kokons, d. h. „Puppen" von Seelen, erscheinen als Symbol der Auferstehung auf dem goldenen „Ring des Nestor", auf dem nach Evans Szenen des Lebens nach dem Tode abgebildet sind: Ein Totenpaar wird in die Mysterien der anderen Welt eingeführt, wo sich die Wurzeln des Lebensbaumes befinden; es erscheint vor der großen Göttin und einem Greifen, der auf einem Thron sitzt. Der Abschluß dieser Einweihung ist die Auferstehung; das Paar kehrt zurück ins Leben. Aber trotz des Zaubers dieser kühnen Deutung ist es besser, im Auge zu behalten, daß Zweifel an der Echtheit des Ringes bestehen.

Gegen Ende der postpalatialen oder mykenischen Periode wurde in Kreta die Leichenverbrennung eingeführt. Dieser Brauch, der eine völlig neue und viel einfachere Vorstellung vom Phänomen des Todes impliziert, ist wahrscheinlich auf das Eindringen nördlicher Bevölkerungselemente zurückzuführen, die mit der Urnenfelderkultur Mitteleuropas in Beziehung standen.

Das waren etwa die religiösen und kultischen Anschauungen im minoischen Kreta. In ihnen spiegelt sich die Gefühlswelt und die Lebenssehnsucht eines erstaunlichen Volkes, das sich, wenn es auch zu einer rationalen Organisation des gesellschaftlichen Lebens fortgeschritten war, dennoch die ganze Kraft der Phantasie und die kindliche Frische des Gefühls bewahrt hatte. Sicher hatten viele der religiösen Anschauungen der Minoer ihre ursprüngliche Bedeutung verloren, und es wäre ein Irrtum, wenn wir sie in der Art deuten würden, in der wir die Glaubensvorstellungen der Primitiven deuten. Gewiß blieb ihre Religion eng verknüpft mit der Fruchtbarkeit der Natur. So machen bestimmte Kultbräuche den Eindruck einer Magie, die dazu geeignet war, die Fruchtbarkeit der Naturkräfte zu unterstützen, die man sich immer personifiziert vorstellte. Dennoch waren die Minoer weit von dem primitiven Menschen und seiner völlig nüchternen, praktischen Religion entfernt. Auf der anderen Seite erreichten sie niemals jene Stufe, auf der die Religion zur inhaltsleeren und erstarrten Form wird und die religiöse Kunst zu einem dekorativen Motivkreis. Es muß ebenfalls betont werden, daß die religiöse Kunst der Ägäis mit wenigen, vereinzelten Ausnahmen das Abscheuliche verschmäht und in ihren besten Momenten die Gottheit, völlig vermenschlicht, dem Menschen näherbringt.

6. Kapitel
DIE MINOISCHE SCHRIFT

Kurz vor Errichtung der großen kretischen Paläste um 2000 v. Chr. erscheinen auf Siegeln aus Kreta Zeichenkombinationen, die sicher eine Art Schrift darstellen. Die Ursprünge dieser Schrift findet man in den sog. Ideogrammen, nämlich in Abbildungen von Begriffen oder Gegenständen, die wiedererkannt werden können, jedoch zunächst keinen phonetischen Wert haben. Später erhält das Bild einen Lautwert und bezeichnet die Gesamtheit der Laute und endlich die erste Silbe des entsprechenden Wortes. Auf diese Weise entsteht eine Silbenschrift, in der jedes Zeichen eine Silbe darstellt. Wir können sagen, daß sich die minoische Schrift nie über diese Stufe hinaus entwickelte.

Diese erste minoische Schrift bezeichnen wir mit dem Terminus, der für die entsprechenden Schriftzeichen der Ägypter geschaffen wurde, allgemein als „Hieroglyphenschrift". Wenn es auch bestimmte Übereinstimmungen zwischen ägyptischen und kretischen hieroglyphischen Zeichen gibt, so scheint doch keine enge gegenseitige Beziehung zu bestehen.

Evans sammelte in seinem Werk „Scripta Minoa" alle minoischen Hieroglyphen und unterschied zwei Entwicklungsstufen. Die zweite von ihnen wird charakterisiert durch die sorgfältige und kalligraphische Ritzung der Zeichen. Diese Entwicklungsstufe fällt ungefähr mit der

Kamareszeit der protopalatialen Periode (MM II) zusammen, die ungefähr bis 1700 v. Chr. dauerte. Die Hieroglyphen wurden aber auch über diese Zeit hinaus für die Niederschrift von kultischen Texten verwendet.

Insgesamt sammelte Evans 135 hieroglyphische Zeichen; wahrscheinlich ist ihre Zahl aber größer, da es auch Hieroglyphen gibt, die nicht in das Verzeichnis von Evans aufgenommen wurden. Die Zahl zeigt jedoch, daß es sich bei dieser Schrift nicht um ein ideographisches System handeln kann, weil in diesem Falle die Symbole viel zahlreicher sein müßten. Aber auch rein phonetisch kann ein System nicht sein, das so viele Zeichen gebraucht. Wir müssen also annehmen, daß einige dieser Zeichen Ideogramme sind, die als Begriffsbestimmung dienen, d. h. durch Abbildung das Lesen von Begriffen erleichtern sollen, die vielleicht unvollständig durch die phonetischen Zeichen ausgedrückt wurden.

Die Gestalt der Hieroglyphen variiert. Bestimmte Zeichen stammen aus dem Tierreich. Sie stellen eine Wildkatze, den Kopf einer Wildkatze, den Kopf eines Löwen, eine Wildziege, ein Rind und eine Taube dar. Andere Zeichen bilden Teile des menschlichen Körpers, z. B. Augen, Hände und Füße, oder auch ganze menschliche Gestalten ab. Eine Anzahl von Zeichen stellen Geräte dar, Werkzeuge und andere Gegenstände des täglichen Lebens, z. B. einen Pflug, eine Lyra, ein Kürschnermesser, eine Säge, ein Schiff. Unter den Zeichen begegnen uns ebenfalls die Doppelaxt, der Thron, der Pfeil und das Kreuz.

Evans versuchte, bestimmte Hieroglyphen als Bezeichnungen verschiedener Würdenträger zu deuten. So ist die Doppelaxt nach seiner Meinung das Symbol des Wächters des Doppelaxtheiligtums, bzw. des Palastes von Knossos; das Auge bedeutet „Aufseher oder Vorsteher"; die Maurerkelle „Architekt", das Tor „Wächter". Mit Recht beanstandete jedoch Grumach diese Deutung als voreilig, weil es noch keineswegs sicher ist, was diese Symbole tatsächlich darstellen. So wissen wir nicht, ob die Zeichen, die Evans „Maurerkelle" und „Tor" nannte, wirklich die entsprechenden Gegenstände wiedergeben. (Speziell hinsichtlich der „Maurerkelle" behauptete Evans selbst später, daß das Zeichen ein Kürschnermesser sei.) Aber selbst wenn wir mit Sicherheit erkennen könnten, was die Hieroglyphen darstellen, wäre es fraglich, ob man ihnen eine so unmittelbar mit dem abgebildeten Gegenstand zusammenhängende Bedeutung zuordnen dürfte.

Andere Forscher deuten, unter der Voraussetzung, daß bestimmte Siegel auch als Amulette benutzt wurden, jene Hieroglyphengruppen, die formelhaft auf den Siegeln wiederholt werden, als Götternamen oder Formeln magischen Charakters mit apotropäischer Bedeutung. Es ist jedenfalls ganz unwahrscheinlich, daß diese Zeichenkombinationen Namen von Eigentümern der Siegel wiedergeben, weil die Zahl dieser Kombinationen zu begrenzt ist und keineswegs die Vielfalt zeigt, die man erwarten müßte, wenn es sich um Eigennamen handelte. Nach einer anderen Ansicht bezeichnen die Hieroglyphenkombinationen Titel von Priestern und Würdenträgern oder vielleicht auch Namen, die schließlich zu Titeln wurden.

Die Hieroglyphen werden oft von verschiedenen Hilfszeichen begleitet, wie Strichen, Linien und vor allem Kreuzen. Man glaubt, daß sie entweder den Anfang oder die Richtung der Inschrift angeben oder daß sie dazu dienen, bestimmte Zeichen als Ideogramme ohne phonetischen Wert zu determinieren.

Hieroglyphische Inschriften begegnen uns nicht nur auf Siegeln, sondern auch auf kleinen Tonleisten, auf Scheiben mit einem kleinen Loch zum Aufhängen und auf kleinen rechteckigen Tafeln. Außerdem gibt es Tonabdrücke hieroglyphischer Siegel und Siegelabdrücke, auf denen Hieroglyphen mit der Hand eingeschnitten waren. Bedeutende Gruppen von Objekten dieser Art hat man im Palast von Knossos am Nordrand der Westmagazine und im Palast von Mallia in einem Raum des Nordwestflügels gefunden.

Das bedeutendste Beispiel einer hieroglyphischen Inschrift aus Kreta ist der berühmte Tondiskos von Phaistos, der 1903 in einem kleinen Raum in der Nähe der Magazine des „Archivraumes" in den nordöstlichen Gemächern dieses Palastes entdeckt wurde. Zusammen mit dem Diskos hat man eine Linear A-Tontafel und Keramik aus dem Anfang der neopalatialen Periode (1700-1600 v. Chr.) gefunden. Beide Seiten des Diskos tragen in Spiralbändern angeordnete hieroglyphische Schriftzeichen, die mit Stempeln in den noch weichen Ton gepreßt worden sind. Die Zeichen bilden Gruppen, die durch Vertikallinien voneinander getrennt sind, und jede dieser Gruppen stellt sicher ein Wort dar. Man kann 45 verschiedene Typen von Zeichen unterscheiden, von denen nur wenige mit den in der neopalatialen Periode gebräuchlichen Hieroglyphen identisch sind. Unter den Zeichen auf dem Diskos von Phaistos erscheinen Männer-, Frauen- und Kindergestalten, ferner Köpfe, die an die späteren ägyptischen Darstellungen der *Pulesata* (Philister?) im Tempel von Medinet Habu erinnern; ebenso Vögel, Fische, Insekten, Tierfelle und Teile von Tieren; auch Zweige und andere Pflanzenmotive sowie Schiffe, Bogen und Werkzeuge.

Bestimmte Hieroglyphengruppen des Diskos kehren refrainartig wieder und erwecken so den Eindruck, daß der Text ein religiöser Hymnus sei. Auch Pernier sieht den Inhalt des Textes auf dem Diskos von Phaistos als kultisch an und vergleicht ihn mit einem etruskischen Bleidiskos, der als Inschrift Götternamen trägt. Andere Gelehrte vertreten die Ansicht, daß der Text auf dem Diskos eine Militärliste sei. Davis schließlich liest ihn als hethitischen Text, in dem ein König über die Errichtung des Palastes von Phaistos spricht. Versuche anderer For-

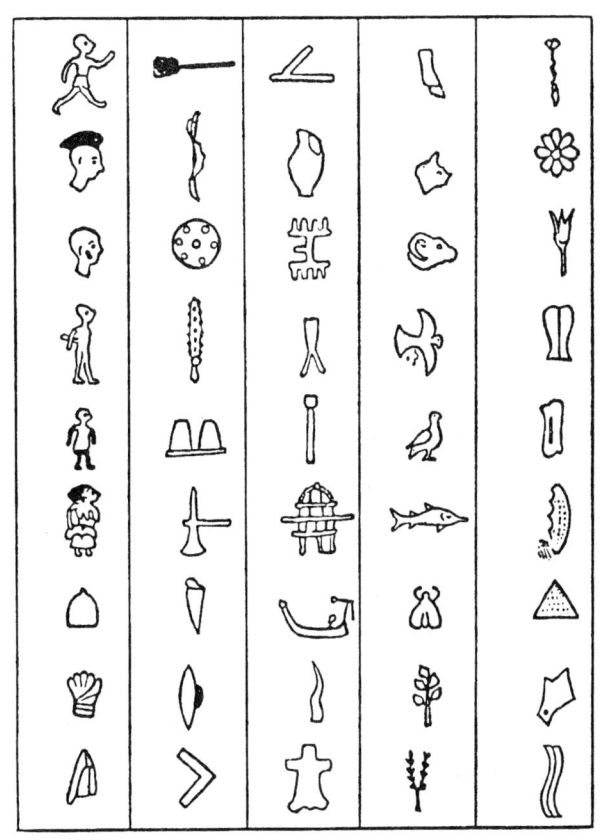

Schriftzeichen auf dem Diskos von Phaistos

scher, die zu beweisen versuchten, daß der Diskos in griechischer Sprache geschrieben sei, können nicht ernst genommen werden.

Eine Zeitlang behauptete sich die These von Evans, daß der Diskos nicht aus Kreta stamme, sondern aus Südwestasien auf die Insel gebracht worden sei. Nachdem man aber in der Höhle von Arkalochori eine Doppelaxt entdeckt hat, die ähnliche Zeichen als Inschrift aufweist, meint man, daß der Diskos tatsächlich aus Kreta stammt. Der goldene Ring von Mavro Spelio trägt übrigens ebenfalls eine Inschrift in derselben Spiralbandanordnung.

Neben den Hieroglyphen war noch ein anderes Schriftsystem — Linear A — in Gebrauch, dessen früheste Beispiele von Doro Levi in Phaistos gefunden wurden. Dieses Schriftsystem wird „Linear" genannt, weil es aus Zeichen besteht, die trotz ihrer Herkunft von Ideogrammen nicht mehr als Darstellungen von Gegenständen zu erkennen sind, sondern wie abstrakte Kombinationen von Linien aussehen. Dieses Schriftsystem wurde in der neopalatialen Zeit fertig ausgebildet und allgemeiner verwendet. In diese Periode gehören auch die kleinen rechteckigen Tontafeln, von denen die Mehrzahl (168) in Hagia Triada gefunden wurde. Linear A-Täfelchen entdeckte man auch in Knossos, Phaistos, Mallia, Tylissos, Palaikastro, Archanes und Zakros. Es gibt etwa 70 verschiedene Linear A-Zeichen.

Linear A ist noch nicht entziffert. Einige Forscher setzen dennoch für sie die gleichen Lautwerte ein, die für die jüngere, bereits entzifferte Linear B-Schrift gelten, und interpretieren Linear A-Texte auf verschiedene Weise. So deutet Georgiev die Tontäfelchen teilweise als Texte in griechischer Sprache, während Gordon in ihnen einen semitischen Dialekt, ähnlich der Sprache Palästinas und Phöniziens, zu erkennen meint. Gordon liest in den Linear A-Texten semitische Gefäßnamen, semitische Rechenbegriffe und semitische Personennamen.

Andere Forscher äußern Bedenken über die Schlüssigkeit dieser etymologischen Methode, da, selbst wenn die in den kretischen Texten gedeuteten Lautwerte Lauten der griechischen, der semitischen oder der hethitischen Sprache entsprechen, daraus nicht gefolgert werden kann, daß die Texte in diesen Sprachen geschrieben sind oder daß die gemeinsamen Laute auch identische Begriffe ausdrücken. Die richtige Methode ist die sog. „kombinatorische Methode": Sie geht von der Analyse der Struktur der Texte aus und versucht, die Funktion der unbekannten Sprache durch Beobachtungen über die wahrscheinliche Form der Bildung von Deklination und Konjugation zu erfassen. Generell scheint es sehr wahrscheinlich, daß die Sprache der Linear A-Texte eine vorgriechische ägäische Sprache ist, die vielleicht mit den kleinasiatischen Sprachen verwandt ist. Dennoch ist es nicht möglich, mit Sicherheit eine engere Beziehung dieser Sprache zu bestimmten kleinasiatischen Sprachen, z. B. mit dem Luwischen und Hethitischen, herzustellen.

Furumark meint, ohne eine Übersetzung zu versuchen, in den Linear A-Texten Listen von Menschen und Produkten, z. B. Getreide und Wein, zu erkennen, die aus bestimmten Gegenden und von bestimmten Personen in den Palast gebracht wurden; außerdem Listen von Arbeitern, wahrscheinlich Sklaven, die mit verschiedenen Arbeiten auf den Ländereien rings um den Palast beschäftigt waren. In diesen Texten begegnen uns auch Ideogramme, von denen die einen unterschiedliche Tätigkeiten bezeichnen, andere verschiedene Arten von Gefäßen und Produkten, z. B. Getreide, Feigen, Honig und Wein. Es finden sich auch Bezeichnungen für Bruchzahlen und ein arithmetisches Dezimalsystem.

Kurze Linear A-Inschriften erscheinen auf Wandputz in Knossos und Hagia Triada, auf einer ziemlich großen Zahl von Siegeln und auf Pithoi verschiedener Provenienz. Die Inschriften auf den Pithoi bestehen im allgemeinen aus drei oder vier Zeichen, d. h. sie sind dreioder viersilbig, und man vermutet deshalb, daß sie Personennamen bezeichnen, und zwar die der Hersteller oder Eigentümer des Pithos, ohne daß man ausschließen kann, daß es sich um Götternamen, Bezeichnungen des Gefäßinhalts oder Ortsnamen handelt.

Entsprechend kurze Inschriften begegnen uns auf kleinen steinernen Opfertischen und Kultgefäßen aus Stein. So findet man das Wort *A-sa-sa-ra*, das als Name einer Göttin gedeutet wurde, in Inschriften dieser Art aus Palaikastro, Psychro, Knossos und Archanes, während auf einem Steingefäß aus Apodulu die Wörter *A-ta-no, no-pi-na, ma-na, Ku-pa-na-tu-na* entziffert worden sind. Kurze Linear A-Inschriften sind auch außerhalb Kretas, z. B. in Melos und Thera, gefunden worden.

Eine andere Schrift, verwandt mit der kretischen Linear A-Schrift, kam um 1500 v. Chr. in Zypern in Gebrauch. Auf einer Inschrift aus Enkomi auf Zypern ist die Hälfte der Zeichen mit minoischen Linear A-Zeichen identisch. Diese Schrift nennt man die kypro-minoische. Sie ist bis jetzt noch nicht entziffert und tritt mit wechselnder Zeichenzahl vom 15. bis 11. Jh. v. Chr. auf Gefäßen, Täfelchen und Bronzebarren auf.

Es folgt eine Zeit, aus der wir keine Schrifttexte aus Zypern besitzen. Dann erscheint die kyprische Silbenschrift, die hauptsächlich vom 6. Jh. v. Chr. an verbreitet war und zu den verschiedensten Zwecken verwendet wurde, z. B. in Münzlegenden, Grabinschriften und auf der Bronzetafel von Idalion. Diese Schrift, die von Lang und Smith mit Hilfe einer bilinguen kypro-phönizischen Inschrift entziffert wurde, gibt gewöhnlich eine Form der griechischen Sprache wieder und seltener einen unbekannten „eteo-kyprischen" Dialekt. Sie hat aber nur die Hälfte der Zeichen mit der praehistorischen kypro-minoischen Schrift gemeinsam.

Die letzte Entwicklungsstufe der kretischen Schrift wurde im Laufe des 15. Jh. v. Chr. mit der Schaffung der Linear B-Schrift erreicht. Die Achäer, die Kreta, wie bereits gesagt, um 1450 v. Chr. einnahmen, benutzten die neue Schrift für die erste Aufzeichnung der griechischen oder genauer der mykenischen Sprache. Die Entzifferung, die 1952 den Engländern Ventris und Chadwick gelang, die sich dabei auf vorhergehende Beobachtungen von A. Cober stützen konnten, wurde fast allgemein anerkannt. Sie stößt allerdings noch auf den Widerspruch von Grumach, Beatty und Eilers, während andere Gelehrte skeptische Zurückhaltung üben.

Es ist Tatsache, daß Linear B nicht für eine hinreichende Wiedergabe der griechischen Sprache geeignet ist und daß deshalb jede Zeichengruppe, also jedes Wort, die Möglichkeit einer Anzahl verschiedener Lesungen zuläßt. Ermutigend sind jedoch bestimmte Lesungen, die durch begleitende Ideogramme bestätigt werden. So werden auf der berühmten „Dreifußtafel" aus Pylos die Lesungen *ti-ri-po* und *ti-ri-po-de* von den gegenüber eingeritzten ideographischen Abbildungen von Dreifußgefäßen bestätigt. Eine hinreichende Anzahl von Wortverbindungen geben, nach dem Ventrisschen System gelesen, ebenfalls einen befriedigenden Sinn. Linear B-Inschriften wurden in Knossos und Pylos sowie in kleinerer Zahl in Mykene und auch in Theben gefunden. Außerdem gibt es Vaseninschriften aus Tiryns, Eleusis und Orchomenos.

Die Tafeln enthalten Wirtschaftsrechnungen. Auf ihnen wurde die gesamte Habe des Königs registriert: männliche und weibliche Sklaven, Herden, die verschiedenen landwirtschaftlichen Produkte, Wagen und Teile von Wagen, Waffen usw. Andere Tafeln erwähnen Opfer für die Götter, Truppenbewegungen, Überlassungen von Ländereien, Lieferungen von verschiedenen Waren usw. Die Tafeln von Knossos und Pylos geben Informationen über die soziale Struktur und Organisation der mykenischen Königreiche und machen uns mit Titeln von Würdenträgern und göttlichen und menschlichen Namen bekannt.

7. Kapitel
WIRTSCHAFT UND HANDEL

Früher nahm man an, daß es in minoischer Zeit in Kreta, vor allem im Osten, stadtähnliche Niederlassungen und freie Handelsstädte gegeben habe, und man sprach von „Import" und „Export", „Reedern" und „Handelshäusern". Neuerdings ist es aber fraglich geworden, ob man berechtigt ist, solche Begriffe, die von viel weiterentwickelten Wirtschaftsformen abgeleitet sind, auf die minoische Zeit anzuwenden. Eine andere Theorie, vom Verfasser dieses Buches unterstützt, fand dagegen allgemeine Anerkennung. Nach ihr waren die Paläste Brennpunkte wirtschaftlicher Aktivität, Zentren von Landwirtschaft und Handwerk, und der Außenhandel spielte sich in der Form ab, daß die Könige von Kreta mit den orientalischen und ägyptischen Herrschern Geschenke austauschten. Für die Richtigkeit dieser Anschauung spricht die weitgehende Ähnlichkeit der Verhältnisse in den orientalischen Kulturen und in der minoischen Kultur Kretas.

In den frühesten sumerischen Gemeinschaften bildeten die Tempel die Grundeinheit des wirtschaftlichen Lebens. Jeder von ihnen stellte den Kern einer Gemeinschaft dar, die nicht nur aus Priestern bestand, sondern auch aus Soldaten, Hirten, Fischern, Handwerkern, Sklaven und Händlern. Letztere waren nur Bedienstete des Tempels, die mit tempeleigenen Eseln herumzogen und auf

Rechnung des Tempels Geschäfte abwickelten. Man hat behauptet, daß sich seit der Zeit der ersten babylonischen Dynastie ein freiheitlicheres System durchsetzte, aber diese Anschauung steht in Widerspruch zu der niedrigen Stellung, die die Handwerker in der Gesetzgebung des Königs Hammurabi innehaben. In Ägypten gab es sicher „Basare", auf denen Privatleute Waren von beschränktem Wert, wie etwa Früchte, Gemüse, Geflügel und Fische gegen Werkzeuge, Sandalen und Stoffe tauschten. Aber der Außenhandel war ausschließlich dem König vorbehalten. Er bestimmte die Überschüsse zur Ausfuhr, er sorgte für Schiffe und militärisches Geleit zur Sicherung der Transporte. Auch die Tempel waren gelegentlich am Handel beteiligt. Die Handwerker gehörten entweder zum König oder zu hohen Würdenträgern und bekamen ihren Lohn von ihren Herren und nicht von den Käufern der von ihnen hergestellten Waren. Die Einfuhr von Rohstoffen, nämlich von Stein, Metallen und Holz und ebenso auch von Myrrhe, Olivenöl und Wein, war abhängig von den Feldzügen des königlichen Heeres. Die Ägypter brachten Schwerter, Äxte und Halsbänder in das Land Punt an der afrikanischen Somaliküste als Geschenke für die lokalen Götter und Fürsten. Die Fürsten ihrerseits gaben dem Pharao als eine Art Tribut Weihrauch, Gold, Elfenbein, Affen und Panther.

Die internationale Korrespondenz des 14. Jh. v. Chr., die in den Archiven von Amarna in Ägypten erhalten blieb, bestätigt, daß sich der ägyptische Handel in der Form des Geschenkaustauschs zwischen dem Pharao und den asiatischen und syrischen Königen und Fürsten abspielte. So schickte z. B. der König von Babylon Pferde und „Lasurstein" (Lapislazuli) und erhielt dafür aus Ägypten Gold, während der König von Alasia (wahrscheinlich Zypern) 500 Talente Kupfer gegen Silber, Kleidung, Liegen und Kriegswagen einzutauschen wünschte.

In den Zeiten der Schwächung der zentralen Königsmacht trieben in Ägypten auch die Tempel Handel. Ein Priester des Ammon reiste mit Gold und Silber nach Byblos, um Bauholz für die Herstellung der Barke des Gottes zu kaufen. Nach langen Verhandlungen lieferte der Fürst von Byblos das Holz im Tausch gegen Gold, Silber, Papyrus und Gewänder.

Auch aus dem Alten Testament erfährt man, daß Hiram, der König von Tyros, Salomon, dem König in Jerusalem, Zedern- und Fichtenholz schickte, um dafür Getreide und Olivenöl zu erhalten. Die Königin von Saba sandte an Salomon Gold, Duftstoffe und Edelsteine. Außerdem wurden aus Ägypten Pferde und Wagen an Salomon und die Könige der Hethiter sowie an die Könige von Syrien geliefert. „Alle drei Jahre einmal kamen Schiffe aus Tarsis und brachten dem König Gold und Silber, Elefantenzähne und Affen." Auf die gleiche Weise, nämlich als Geschenke von König zu König, müssen diese Waren auch Kreta erreicht haben. Dafür sprechen die Stoßzähne syrischer Elefanten, die kyprischen Kupfertalente von Hagia Triada und Zakros und die „blauen Affen", die wir auf den Wandmalereien von Knossos sehen.

Zweifellos hatten die kretischen Palastheiligtümer mit ihren riesigen Magazinen die gleiche zentrale Bedeutung für das wirtschaftliche Leben, die landwirtschaftliche Produktion und den Außenhandel wie die Tempel und Paläste Ägyptens und des Orients. In Knossos und den anderen großen kretischen Palästen gab es erwiesenermaßen Werkstätten von Steinmetzen, Elfenbeinschnitzern, Herstellern von Fayencen und Siegelschneidern. Es ist bekannt, daß die polychrome Kamares-Ware und die spätminoische Palaststil-Keramik ausschließlich in den königlichen Palästen und zu deren alleinigem Gebrauch hergestellt wurden. Sowohl die landwirtschaftlichen Erzeugnisse, wie Olivenöl, Wein und Safran, als auch die kunstvollen kretischen Metallarbeiten, die in den Gräbern der ägyptischen Würdenträger des 15. Jh. v. Chr. abgebildet sind und als „Geschenke der Fürsten der Keftiu und der Inseln" beschrieben werden, sind höchstwahrscheinlich direkt aus den Palästen der kretischen Könige nach Ägypten eingeführt worden. Diese Geschenke sind kein Tribut, der dem Pharao für die Gewährung der Handelserlaubnis mit Ägypten gezollt wurde, sondern sie allein machen den Handel der Epoche aus. Die Ägypter sandten als Gegengaben Gold, Elfenbein, Steingefäße mit Duftstoffen und vielleicht Wagen; außerdem Affen für die Palastgärten und Nubier für die königliche Wache. Wahrscheinlich waren diese Schwarzen nicht „Söldner", wie angenommen wurde, sondern Sklaven.

Als in der neopalatialen Periode die zentrale Königsmacht schwächer wurde, nutzten das offenbar kleine autonome „Paläste" aus, die über eigene Handwerker verfügten und an der Küste auch eine eigene Flotte besaßen, mit der sie auf eigene Rechnung Handel trieben. Die Siedlungen Ostkretas, wie Psyra, Gurnia, Palaikastro und Zakros, waren sicher Zentren des Gewerbes und des Handels; aber sogar hier wurde wahrscheinlich der Handel auf Rechnung der Vertreter des Königs oder der mächtigen lokalen Fürsten abgewickelt. Der Tausch fand zum eigenen Nutzen der Tauschenden statt und nicht zu gewinnbringendem Wiederverkauf. Obwohl Metalle, wie Gold, Silber und Kupfer, als Einheiten für den Tauschhandel nicht unbekannt waren, traten sie nicht als Münzgeld auf; das Fehlen der Münzprägung bildete ein Hindernis für die Entwicklung eines echten Handelsverkehrs.

Eine vergleichbare Situation herrschte anscheinend auch im mykenischen Griechenland. Keramopullos hat behauptet, daß der König von Theben Industrieller, Landwirt und Kaufmann war, und daß er Töpferei, das Schneiden kostbarer Steine, Glasfabrikation und Goldschmiedekunst betrieb. Die Handwerker gehörten sicherlich zu den Palästen; tatsächlich werden auf den Tontäfelchen von Pylos Handwerker wie Töpfer und Walker als „wa-na-ka-te-ro", das heißt „des Königs" bezeichnet. An Stelle von Lohn erhielten sie Land, die Rohstoffe für ihre Arbeit wurden ihnen vom König gestellt. Daneben gab es aber auch freie, möglicherweise umherziehende Handwerker. Die Verteilung der Waren geschah von den Palästen aus, wie wiederum aus den Tontäfelchen hervorgeht. Homer erwähnt auch mykenische Könige, die reisen und sich persönlich mit Handel befassen, so Mentes, den König der Taphier.

Die unbestreitbare Konzentration der minoischen Wirtschaft in den Händen des Königs macht es unwahrscheinlich, daß ein weiter Spielraum blieb, in dem das Volk unabhängig von königlicher Macht handeln konnte. Dennoch hat Professor van Effenterre diese Anschauung vertreten. Nach ihm wurde der große Platz, den er selbst im Norden des Palastes von Mallia ausgrub, für politische Zusammenkünfte des Volkes benutzt, während eine Pfeilerkrypta, die in unmittelbarer Nähe gefunden wurde, nach seiner Meinung ein Versammlungsraum und ein Bankettsaal für die Führer und Vertreter des Volkes war, entsprechend dem „Prytaneion" späterer griechischer Städte.

Diese Ansicht ist außergewöhnlich gewagt, aber es muß sicherlich berücksichtigt werden, daß historische Phänomene oft komplexer sind, als man vermutet, und daß andere Forscher, wie Ventris und Chadwick, annahmen, daß die Wirtschaftsform des minoischen Staates nicht einheitlich war und daß an ihr ein freies Unternehmertum neben der führenden Rolle des Palastes einen gewissen Anteil hatte. Sie haben Beispiele eines vergleichbaren Wirtschaftssystems in Ugarit, Alalach und dem Land der Hethiter beobachtet, wo „Zünfte" freier Handwerker in den Basaren der Städte ihr Gewerbe betrieben.

Einige von ihnen waren dauernd für den Palast tätig, aber ein Teil der Bedürfnisse des Königs wurde dadurch befriedigt, daß man Gegenstände aus der örtlichen Produktion oder Importe aus fremden Ländern mit Geld mietete oder kaufte. Es kann nicht ausgeschlossen werden, daß sich eine entsprechende Entwicklung bis zu einem gewissen Grade auch in Kreta vollzogen hat, jedoch nicht bis zu dem Punkt, daß die Stadt sich zu einer freien wirtschaftlichen Einheit erhob. Hauptzentren der Wirtschaft blieben bis zuletzt die Paläste.

AUSWAHLBIBLIOGRAPHIE

Alexiu, S.: Führer durch das archäologische Museum von Heraklion. Athen 1972.
— A Guide to the Minoan Palaces; Knossos, Phaistos, Mallia. Heraclion 1973.
Biesantz, H.: Die kretisch-mykenische Kunst. In: Biedermann, H.: Das europäische Megalithikum. Frankfurt/M. 1964. (Ullstein Kunstgeschichte. 4.)
— Kretisch-mykenische Siegelbilder. Marburg 1954.
Boardman, J.: Pre-classical: from Crete to Archaic Greece. Harmondsworth 1967.
Branigan, K.: The Foundations of Palatial Crete. London 1970.
Buchholz, H. G., und V. Karageorghis: Altägäis und Altkypros. Tübingen 1971.
Chadwick, J.: The Decipherment of Linear B. 2. ed. Cambridge 1967.
A Companion to Homer. Ed. by A. Wace and F. Stubbings. London 1962.
Corpus der minoischen und mykenischen Siegel. Hrsg. von F. Matz und H. Biesantz, bzw. I. Pini. Berlin 1964 ff. Bisher sind erschienen:
Bd. 1. Die minoischen und mykenischen Siegel des Nationalmuseums in Athen. Bearb. von A. Sakellariou. 1964.
Bd. 2. Iraklion, Archäologisches Museum. T. 1: Die Siegel der Vorpalastzeit. Bearb. von N. Platon. 1969. T. 5: Die Siegelabdrücke von Phaistos. Bearb. von I. Pini. 1970.
Bd. 4. Iraklion, Sammlung Metaxas. Bearb. von J. Sakellarakis und V. Kenna. 1969.

Bd. 5. Kleinere griechische Sammlungen. T. 1—2. Bearb. von I. Pini. 1975.

Bd. 7. Die englischen Museen. Bearb. von V. Kenna. 1967.

Bd. 8. Die englischen Privatsammlungen. Bearb. von V. Kenna. 1966.

Bd. 9. Cabinet des Médailles de la Bibliothèque nationale Paris. Bearb. von H. und M. van Effenterre. 1972.

Bd. 12. Nordamerika. T. 1: New York, the Metropolitan Museum of Art. Bearb. von V. Kenna. 1972.

Demargne, P.: Die Geburt der griechischen Kunst. München 1965. (Universum der Kunst. 6.)

Desborough, V.: The last Mycenaeans and their Successors. Oxford 1964.

Effenterre, H. van, et C. Tiré: Guide des fouilles françaises en Crète. Paris 1966.

Evans, A.: The Palace of Minos. Repr. Vol. 1—4 and Index. London 1964. (Biblo and Tannen's Archives of Civilization 1.)

Faure, P.: Fonctions des cavernes crétoises. Paris 1964.

— La Vie quotidienne en Crète au temps de Minos. Paris 1973.

Forschungen auf Kreta. Hrsg. von F. Matz. Berlin 1951.

Furumark, A.: The Mycenaean Pottery. Stockholm 1941.

Glotz G.: La Civilisation égéenne. Nouv. éd. par C. Picard et P. Demargne. Paris 1952.

Graham, J.: The Palaces of Crete. Princeton, N. J. 1962.

Higgins, R.: Minoan and Mycenaean Art. London 1967.

Hood, S.: The Home of the Heroes. The Aegean before the Greeks. London 1967.

— The Minoans, Crete in the Bronze Age. London 1971.

Hutchinson, R.: Prehistoric Crete. Repr. Harmondsworth 1968.

Kenna, V.: Cretan Seals. Oxford 1960.

On the Knossos Tablets. Oxford 1963. Darin: Boardman, J.: The Date of the Knossos Tablets. Palmer, L.: The Find-Places of the Knossos Tablets.

Marinatos, S.: Kreta, Thera und das mykenische Hellas. 2. Aufl. München 1973.

- Some Words about the Legend of Atlantis. Athens 1969. (Archaiologikon Deltion. 12.)
- Excavations at Thera I—VI. Athen 1968—1974.

Matton, R.: La Crète antique. Athènes 1955. (Collection de l'Institut Français d'Athènes. 87.)

Matt von, L.:, Das antike Kreta. Zürich 1967.

Matz, F.: Kreta und frühes Griechenland. 3. Aufl. Baden-Baden 1965. (Kunst der Welt. [24.])
- Kreta, Mykene, Troja. 2. Aufl. Stuttgart 1956.

Mylonas, G.: Mycenae and the Mycenaean Age. Princeton, N. J. 1966.
- Ancient Mycenae. Princeton, N. J. 1957.

Nilsson, M.: The Minoan-Mycenaean Religion and its Survival in Greek Religion. 2. rev. ed. Lund 1950.

Palmer, L.: Mycenaeans and Minoans. 2. rev. ed. London 1965.

Pendlebury, J.: The Archaeology of Crete. London 1939. Repr. 1966.
- A Handbook to the Palace of Minos. London 1954.

Pernier, L. e L. Banti: Guida degli scavi italiani in Creta. Roma 1947.

Persson, A.: The Religion of Greece in Prehistoric Times. Berkeley 1942. (Sather classical Lectures. 17.)

Picard, C.: Les religions préhelléniques. Paris 1948. (Mana. 2, 1.)

Pini, I.: Beiträge zur minoischen Gräberkunde. Wiesbaden 1968.

Platon, N.: Crète. Genève 1966. (Editions Nagel.)
- Zakros. New York 1971.

Renfrew, C.: The Emergence of Civilization; the Cyclades and the Aegean in the Third Millenium b. C. London 1972.

Schachermeyr, F.: Die ältesten Kulturen Griechenlands. Stuttgart 1955.
- Die minoische Kultur des alten Kreta. Stuttgart 1964.
- Die ägäische Frühzeit. I. Band, Die vormykenischen Perioden des griechischen Festlandes und der Kykladen. Verlag der österreichischen Akademie der Wissenschaften, Wien 1976.

Schiering, W.: Funde auf Kreta. Göttingen 1976.

Spanakis, K.: Crete. A Guide, I—II. Herakleion 1964—1972.

Ventris, M. and J. Chadwick: Documents in Mycenaean Greek. Repr. Cambridge 1959.

Vermeule, E.: Greece in the Bronze Age. Chicago 1964.
Wace, A.: Mycenae. An archaeological History and Guide. Repr. New York 1964.
Warren, P.: Minoan Stone Vases. Cambridge 1969.
— Myrtos, Oxford 1972.
Willetts, R.: Cretan Cults and Festivals. London 1962.
— Everyday Life in Ancient Crete. London, New York 1969.
Xénaki-Sakellariou, A.: Les Cachets minoens de la Collection Giamalakis. Paris 1958.
— Die mykenische Siegelglyptik. Lund 1964. (Studies in Mediterranean Archaeology. 9.)
Zervos, C.: L'Art de la Crète néolithique et minoenne. Paris 1956.
Zois, A.: Der Kamares-Stil. Phil. Diss. Tübingen 1968.

VERZEICHNIS DER TAFELABBILDUNGEN

1. Eine Vase des Pyrgos-Stils
2. Frühminoische Gräber in Lebena
3. Vasen des Hagios Onuphrios-Stils
4. Eine Kanne des Vasiliki-Stils
5. Mittelminoische Tonfigur eines Adoranten aus Petsophas
6a. Kamares-Kanne aus Phaistos
6b. Der Diskos von Phaistos
7a. Goldanhänger aus Mallia
7b. Ein Siegelstein aus Knossos
8a. Medaillon-Pithos aus Knossos
8b. Elfenbeinakrobat aus Knossos

9. Kanne des Pflanzenstils aus Phaistos
10. Vase des Meeresstils aus Palaikastro
11. Bronzefigur aus Tylissos
12. Die Schlangengöttin aus Knossos
13. Kuh, die ihr Junges säugt. Knossos
14. Stierkopf aus Knossos
15. Kopf einer Löwin aus Knossos
16. Steinvase aus Hagia Triada
17. Das Delphinfresko aus Knossos
18. Die „Parisienne". Fresko aus Knossos
19. Rhyton des Meeresstils aus Zakros
20a. Zwei Palaststil-Amphoren aus Knossos
20b. Tonsarkophag aus Palaikastro
21a. Libationskanne aus Katsambas
21b. Idol einer Göttin aus Gazi
22. Ein Kulttanz. Aus Palaikastro
23a. Linear A-Tafel aus Hagia Triada
23b. Linear B-Tafel aus Knossos
24. Der Thronsaal. Knossos
25. Die Westmagazine. Knossos
26. Säulenhalle des Großen Treppenhauses. Knossos
27. Theater, Westhof und Westpropylon. Palast von Phaistos
28. Der Nordflügel vom Zentralhof aus. Phaistos

BILDNACHWEIS:

Hirmer Foto-Archiv München: 1, 3, 6a, 7a, 7b, 8b, 9, 10, 11, 12, 13, 14, 15, 16, 20b, 21a, 21b, 22, 24, 25, 27.
Aus: Minoan Civilisation, Heraclion: 4, 5, 17, 19, 23a, 23b, 26, 29.
E. M. Androulakis: 2.
Xylouris: 6b.
Museum Heraklion: 8a, 18.
W. D. Niemeier: 20a, 28.